奪われた「三種の神器」

皇位継承の中世史

渡邊大門

JN215346

草思社文庫

はじめに

「三種神器とは何か?」と質問されて、即答できる方は一般的にそう多くはいないと思う。歴史の教科書や概説書で言葉を目にしたことはあっても、強烈な印象を持っている人は少ないはずである。

実際のところ、「三種神器」は、天皇であっても見ることができない。したがって、一般の人にとっては、神秘のベールに包まれた謎多き存在であろうと思われる。「三種神器」の研究は、皇位継承や朝廷の諸儀式が追究されるなかで、主に古代史を中心にして行われてきた。単に歴史学だけではなく、国文学や宗教学等からもアプローチがなされている。

ただし、これが中世史になると、研究文献が極端に少なくなり、研究があまり進んでいるとはいえない。中世の知識人が著したいわゆる「三種神器論」も、抽象的な内容であり、一般の方にはなじみにくい。

しかし、中世において、三種神器が意味を持たなかったというわけではない。むしろ、その存在意義は、大いにあったのである。それゆえに、特に鎌倉期から室町期にかけて、激しい争奪戦がくりひろげられたのである。

本書では、三種神器にまつわるそれぞれのトピックスを取り上げ、その意義を考えてみたいと思う。

その要点は、二つある。一つは、三種神器をめぐる事件を俎上《そじょう》に載せ、その経過を分析することである。もう一つは、三種神器観の変遷を確認し、その意義を問い直すことである。

第一章では、平安末期において、安徳《あんとく》天皇が三種神器の一つである宝剣とともに海中に沈んだ事件を取り上げる。前代未聞の大事件であるが、その後の三種神器の扱いを考えるうえで、基点となる問題である。宝剣がなくなることにより、後鳥羽天皇の即位に支障が生じた。

第二章では、南北朝期における三種神器の問題を取り上げる。周知のとおり、南北朝期に至り、南朝と北朝がそれぞれ天皇を擁立すると、三種神器の存在がにわかにクローズ・アップされてくる。互いに正統を主張するため、争奪戦がくりひろげられたのだ。

第三章から第五章では、嘉吉《かきつ》の乱から長禄《ちょうろく》の変という、十五世紀半ばの諸事件を取り上げる。もちろん、それらの事件は、単に三種神器の争奪だけに止まらず、当時の室町幕府や守護を巻き込んで展開することになる。

全章を通して貫くのが、三種神器観の変遷である。さまざまな事件を通して、人びとの三種神器観は大きな変化を遂げる。

三種神器は皇位継承の証《あかし》として重要であったが、政治的な観点から見ても、看過することができない存在だったのである。そのような視点から、当該期の政治史が叙述されたことは、今まであまりなかったように思う。

三種神器とは、中世の人びとにとって、一体いかなる意味があったのであろうか。そして、当時の政治情勢にいかなる影響を与えたのであろうか。読者の皆さんと、これから考えてみたい。

奪われた「三種の神器」皇位継承の中世史◉目次

第一章

宝剣喪失——鎌倉期における三種神器

三種神器とは何か

一体「三種神器」とは、どのようなものであろうか？『国語大辞典』（小学館）を紐解くと、「三種神器」には、次のような説明が施されている。

①皇位のしるしとして、代代の天皇が伝承する三つの宝物。八咫鏡《やたのかがみ》、草薙剣《くさなぎのつるぎ》、八坂瓊曲玉《やさかにのまがたま》をさす。天孫降臨《てんそんこうりん》に際して、天照大神《アマテラスオオミカミ》から授けられたものとする。みくさのかむたから。

②家庭生活、日常の社会生活などで貴重なもの三種類のたとえ。

①が本来の意味であるが、②についてはもはや「死語」になりつつあるのが現状ではないだろうか。戦後、電気洗濯機、電気冷蔵庫、テレビが、家電製品の「三種神器」と称して喧伝《けんでん》されたが、後にクーラー、自家用車などが加わり、今や「三種」では収まらないくらいである。

世の中が便利になるにつれ、「三種神器」と称するほどありがたいものは、姿を消しつつあるのかもしれない。しかし、①の意味で使用される「三種神器」は、現在に至っても、その価値を失わない貴重なものである。

本書のテーマである「三種神器」は、歴史学、国文学、宗教学等の各方面から研究がなされており、関連する書籍・論文も数多く公表されている。しかし、専門的な見地から執筆されたものが多く、古代史に集中しているという印象を拭えない。しかも、一般の人には、なかなか理解しづらい面がある。

では、そもそも三種神器とは一体いかなるものなのであろうか。もう少し詳しく説明をすることにしよう。

さまざまな表記

三種神器とは、歴代の天皇が皇位継承の証として受け継いだ宝物であり、八咫鏡、草薙剣・八坂瓊曲玉の三つのことをいう。しかし、三種神器の表記は、古くは統一されていなかった。養老四年（七二〇）に成立した正史『日本書紀』には、「三種《みくさ》の宝物《たから》」と記されている。

中世に至っても、実際の史料では、「三種神器」という言葉が固定化されていたわけではない。例えば、鎌倉初期の貴族で摂政・関白を務めた九条兼実《くじょうかねざね》の日記『玉葉《ぎょくよう》』には、「三神」「三ケ宝物」「三種宝物」という言葉が使用されており、それぞれが三種神器を意味するものであった。

もちろん、兼実だけではなく、ほぼ同時代の記録を見ても、三種神器という言葉は一般的ではなかった。鎌倉時代初期の貴族・吉田経房《よしだつねふさ》の日記『吉記《きつき》』や鎌倉時代初期の天台座主《てんだいざす》・慈円《じえん》の著した『慈鎮和尚夢想記《じちんおしようむそうき》』『愚管抄《ぐかんしよう》』においても、「三種神器」の語は使われておらず、「三種宝物」と記されている。では、三種神器の「神器」とは、本来どのような意味を持ったのであろうか。

神器とは、もともと中国で使用されていた言葉であり、さまざまな意味を持っていた。例えば、六国史《りつこくし》の一つ『日本後紀《にほんこうき》』大同四年（八〇九）四月戊寅《ぼいん》の条に記述のある「天下神器」という語は、中国の道家書『老子』に記載の「天下神器」が出典であると指摘されている。この場合は、「貴重なもの」という意味で使用されている。

また、中国の歴史書『漢書《かんじよ》』（八〇年頃成立）に見える神器は、皇位そのものを示しているといわれている。六国史の『続日本紀《しよくにほんぎ》』『日本後紀』『日本三代実録』には、神器の言葉が用いられているが、鎌倉期においては未だ定着していなかったのである。

ちなみに、平安時代の官人斎部広成《いんべのひろなり》が著した歴史書『古語拾遺』（大同二年〈八〇七〉成立）では、八咫鏡・草薙剣を「二種神宝」と呼んでいる。しかし、なぜ二種に限定されていたかは、諸説があり一致をみない。

三種神器の名称が一般的になるのは、おおむね南北朝期（十四世紀）からであるといわれている。つまり、用語が普通に使われるまでには、史料に登場してから、六百年余りの年月を要したことになる。

三種神器の由来

次に、三種神器の由来について、『古事記』『日本書紀』の伝承にもとづき、述べることとしよう。

八咫鏡（以下「鏡」と略）は、天照大神が天石窟《あまのいわや》に入ったとき、八百万《やおよろず》の神々が天金山《あまのかなやま》の鉄を取って作ったといわれている。このとき、国中が暗闇で覆われたため天鈿女命《アメノウズメノミコト》が踊りを踊って天照大神を誘い出した伝承は周知のことであろう。

その後、鏡は崇神《すじん》天皇（第十代天皇）の代に「畏れ多い」ということで、笠縫邑《かさぬいむら》（奈良県桜井市など諸説）に分離された。さらに垂仁《すいにん》天皇（第十一代天皇）の代となり、伊勢神宮（三重県伊勢市）に安置されたといわれている。天照大神が伊勢神宮（内宮《ないくう》）の祭神とされ、その神体が八咫鏡であるのは、このような伝承にもとづいている。

草薙剱（以下「剣」と略）は、出雲国で素戔嗚尊《スサノオノミコト》が八岐大蛇《やまたのおろち》を退治した伝承がベースとなっている。八岐大蛇は年に一人ずつ娘を食べたといわれ恐れられていたが、素戔鳴尊がこれを退治したところ、その尾から剣があらわれた。この剣を天照大神に奉献し、後に三種神器の一つになったといわれている。

八坂瓊曲玉（以下「玉」と略）は、同じく天照大神が天石窟に入ったとき、八百万の神々が玉祖命《タマノオヤノミコト》に命じて作らせたといわれている。

天照大神は天孫降臨で、孫の瓊瓊杵尊《ニニギノミコト》を高天原《たかまがはら》（神々が住む天上界）から葦原中国《あしはらなかつくに》（高天原と地下界の黄泉国の間）へ天下らせるとき、以上の三種神器を授けている。特に鏡は、天照大神の魂として、地上の国を治めるように命令されたという。基本的に三種神器は、神武天皇の即位以後、宮中に安置されていた。

しかし、先に触れたように、その後は鏡が伊勢神宮に移された。剣は日本武尊《ヤマトタケルノミコト》が東征に際して、剣を携行して尾張国に置いたという伝承にもとづき、熱田《あつた》神宮の神体とする信仰が生まれている。したがって、宮中に存在するのは、玉だけになる。

ただ、『古語拾遺』によれば、崇神天皇の代に鏡と剣のレプリカを作成し、宮中に安置したと記されている。この説は、奈良時代に皇位継承の証である鏡と剣が、たしかに実在した事実と記紀伝承とのバランスを取るために生じたものといわれている。

天皇即位と三種神器

では、天皇が即位するとき、三種神器は具体的にどのような根拠にもとづき、実際どのように使用されていたのであろうか。

神器相承つまり三種神器が天皇に受け継がれる儀式については、『日本書紀』の大化前代の記述に見ることができる。かつては、神器相承の史実性が否定されたこともあったが、現在ではおおむね肯定されているようである。神器相承は皇位継承に際して、群臣《ぐんしん》による献上という形態で行われていた。

神器相承は、昇壇《しょうだん》即位といわれる即位式とともに行われたが、それが一対の儀礼であったか否かには議論がある。この点については、昇壇即位が群臣に対して皇位継承を示す儀礼であり、神器相承は皇位継承に際して、群臣の統一意志つまり承認行為であるという考え方によるものである。

この見解は、まず神器相承により群臣から皇位継承の承認を得、後に即位式が行われることにより、天皇位につくという手順を示している。例えば、推古《すいこ》天皇は群臣から神器継承を受けた後も、しばらく皇后の地位に止まっていた。正式に天皇になったのは、豊浦宮《とゆらのみや》（奈良県明日香村）で即位式を行ってからであった。つまり、どちらを欠いても皇位を継承したとは言えないのである。

天皇即位と三種神器に関わる根拠法令は、元正《げんしょう》天皇の命により藤原不比等《ふじわらのふひと》らが八世紀前半に編纂した「養老令《ようろうりょう》」の「神祇令《じんぎりょう》」に規定されている。「神祇令」は、主として国家による神祇祭祀の大綱を規定している。「神祇令」によると、天皇が即位するときは、忌部《いんべ》氏が鏡と剣を奉るようにと記されている。

この規定にもとづき、はじめて即位をしたのが持統《じとう》天皇である。『日本書紀』持統天皇四年（六九〇）正月の条には、忌部氏が鏡と剣を奉り、持統天皇が即位した記事が見られる。忌部氏は古代の有力な氏族であり、中臣《なかとみ》氏とともに神祇祭祀を務めていた。

ところが、天皇即位に登場するのは鏡と剣だけである。そもそも記紀の所伝に見られるように、神器は三種だったはずである。玉は、なぜ除外されたのであろうか。その理由については、おおむね次の四つのことが指摘されている。

（1）玉は身に着ける宝であり、即位のときに献上する必要がなかった。
（2）玉は、宝として鏡と剣よりも軽く見られていた。
（3）もともと神器は鏡と剣の二種が正しく、玉は物語上の話である。
（4）天智《てんじ》朝（六六二〜六七一）では三種であったが、七世紀後半に成立した「飛鳥《あすか》浄御原令《きよみはらりょう》」により鏡と剣の二種に定められた。

玉は宮中に常置されており、鏡と剣は伊勢・尾張と異なる場所にあった。したがって、天皇即位に際して移動が必要になり、そのことが特別な意味を持ったのではないかと推測される。となると、（1）と（2）を合わせた説に妥当性があるように感じるが、いずれの説も決定的ではなく、未だ定説を見ないのが現状である。

鏡と剣の奉献は、どのような順序で行われたのであろうか。九世紀後半に成立した朝廷の儀式書「貞観儀式《じょうがんぎしき》」や十世紀初頭に成立した法典「延喜式《えんぎしき》」には、践祚《せんそ》つまり皇嗣《こうし》が天皇の位を継承した後、大嘗祭《だいじょうさい》で執り行われたという。

大嘗祭とは、天皇即位後にはじめて新穀《しんこく》（新米）を天照大神と天神地祇《てんしんちぎ》に供え、自らも食する儀式である。行われる時期は、天皇の即位が七月以前の場合、その年に実施する。ただし、八月以降に天皇が即位した場合は、翌年に執り行われることになっていた。

しかし、平安期の貴族である藤原公任《きんとう》の著した有職故実《ゆうそくこじつ》書『北山抄《ほくざんしょう》』（十一世紀初頭成立）によると、天長十年（八三三）に仁明《にんみょう》天皇が即位大嘗祭を行って以後、中止されたとある。この頃になると、皇位継承は天皇家内部で完結しており、群臣からの承認は必要とされなかったといわれている。

その後の三種神器の扱いは、どのようになったのであろうか。奈良時代になると、三種神器は後宮《こうきゅう》の蔵司《くらのつかさ》が保管したといわれている。そして、平安時代に至ると、玉と剣は櫃《ひつ》に入れて天皇の身辺に置き、鏡は賢所《かしこどころ》に安置された。賢所は内侍所《ないしどころ》ともいわれ、鏡を祀《まつ》っているところを示す。

現在は、鏡が伊勢神宮の皇大神宮（内宮）に、剣が熱田神宮の神体として、それぞれ奉斎されている。唯一、玉のみが皇居の御所に安置されているのである。代わりに形代《かたしろ》と呼ばれるレプリカ（複製品）があり、鏡が宮中三殿の賢所に剣が御所にそれぞれ安置されている。

このように、三種神器は宮中に安置されることになったが、天皇の即位儀礼とは密接不可分であったことには変わりない。中世以後、争乱に際して皇位継承に問題が生じると、三種神器の存在は大きくクローズ・アップされることになる。

次に、その象徴ともいえる、平安末期に起こった安徳《あんとく》天皇の宝剣奪取の例を検証することにしよう。

平氏の栄光と没落

中世における三種神器をめぐる大事件の一つが、壇ノ浦（山口県下関市関門海峡の東端）における宝剣喪失である。この重大事件は、平氏の栄光と没落と時を同じくして展開した。以下、その顛末《てんまつ》を述べるにあたって、平氏の台頭過程をおさらいしておこう。

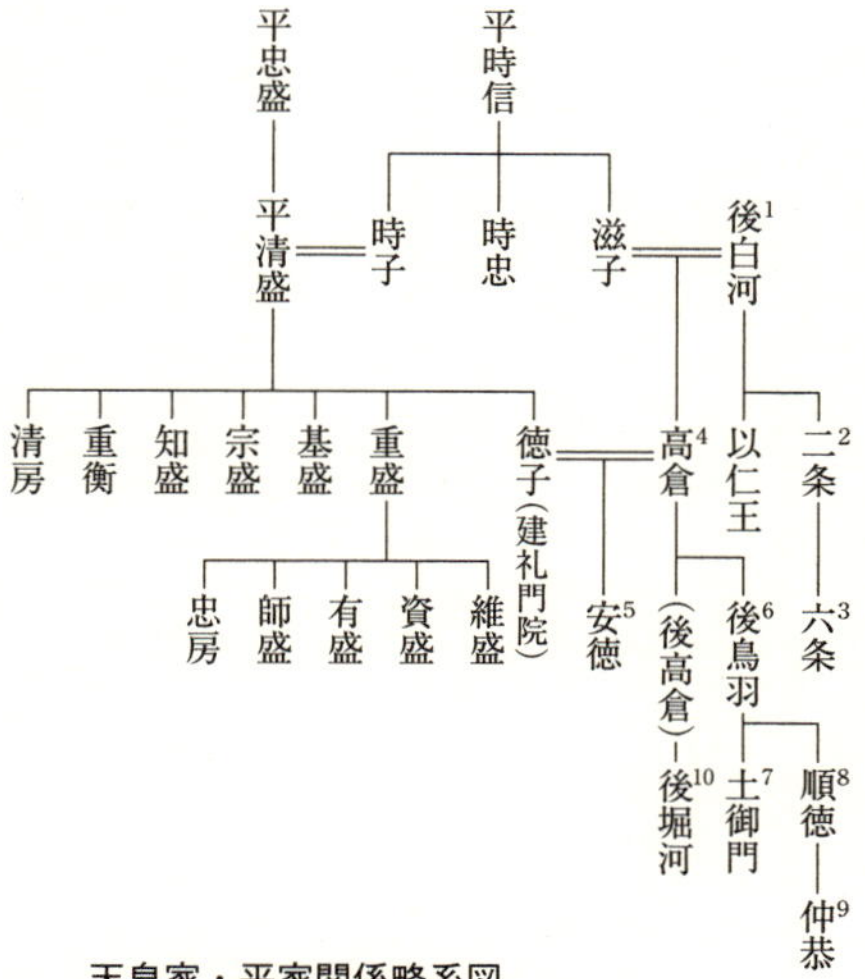

天皇家・平家関係略系図
※数字は即位の順

周知のとおり、日本の中世（十二世紀末〜十六世紀末）は、武士が活躍した時代といわれている。当初、天皇や貴族の警護を生業《なりわい》とした武士たちであったが、やがてその武力を背景に徐々に台頭してきた。平氏はその幕を開いた、代表的な武士である。

平氏のなかでも、武家の棟梁として台頭したのが桓武《かんむ》平氏であった。桓武平氏は桓武天皇の皇子葛原《かずらわら》親王の流れを汲み、なかでも伊勢平氏は天皇家に仕えることによって勢力を拡大している。

伊勢平氏中興の祖維衡《これひら》の曾孫正盛《まさもり》は、白河《しらかわ》上皇に接近し、院御所の北面を警護する北面武士、京中の検察を行う検非違使《けびいし》、追討使を務め活躍した。この活躍ぶりが認められ、後に子孫に恩恵をもたらすことになる。

正盛の子忠盛《ただもり》は、白河・鳥羽《とば》の両院政下で重用され、伊勢をはじめとする数ヵ国で国司を務めた。そこで、経済的な権益を得た忠盛は、鳥羽法皇に得長寿院《とくちょうじゅいん》を造進し、内裏への昇殿を許されている。

しかし、忠盛の昇殿は、当時の貴族から反感を買い、闇討ちにされかかったこともあった。忠盛の昇殿は、武士階級の地位向上を意味していたが、当時の公家社会ではまだ武士を認めていなかったのである。

忠盛の死後、後継者となったのが清盛《きよもり》である。清盛は保元《ほうげん》の乱（保元元年・一一五六）の勝利により後白河《ごしらかわ》天皇の信任を得ると、つづく平治《へいじ》の乱（平治元年・一一五九）でライバル源義朝《みなもとのよしとも》を打ち破り、武家政権樹立への足掛かりを作った。

その後、清盛は駆け足で官位昇進を遂げ、永暦《えいりゃく》元年（一一六〇）に参議正三位となり、平武家初の公卿となった。さらに、仁安《にんあん》二年（一一六七）には太政大臣従一位となり、平氏一門によって朝廷内の官位が独占されるなど、栄耀栄華《えいようえいが》をきわめている。「平氏にあらずんば人にあらず」といわれたのは、ちょうどこの頃である。

　この間、清盛は娘の徳子《とくこ》を高倉《たかくら》天皇に入内《じゅだい》させ、皇室との関係を強固に結んだ。徳子は、治承《じしょう》二年（一一七八）に高倉天皇の第一皇子を産んでいる。この皇子が、後の安徳天皇である。治承四年（一一八〇）、清盛は高倉天皇に譲位を迫ると、安徳天皇を皇位につけた。清盛絶頂の瞬間であった。

　ところが、反清盛の勢力は各地に存在し、治承四年には、後白河天皇の第三皇子以《もち》仁王《ひとおう》が挙兵した。清盛はただちにこれを鎮圧したが、関東・中部では義朝の子源頼朝《よりとも》や源（木曾）義仲《よしなか》が挙兵し、京中に動揺が続いた。清盛は政策として福原（兵庫県神戸市）遷都を行い、また南都焼き討ちを行うが、周囲の反感は高まるばかりであった。清盛はたびたびの失政のなかで、治承五年（一一八一）に熱病のため生涯を閉じた。

　清盛を失った平氏一門は、その後、坂道を転げ落ちるように、政権の座からすべり落ちることになる。

　以仁王の挙兵以後、源頼朝は鎌倉に勢力基盤を置き、東国武士の大半を配下に収めた。同じ源氏の一族であり、今の信濃国木曾に本拠を置いた木曾義仲も、中部・北陸方面に勢力を広げつつあった。

　一方、西国に基盤を置いた平氏であったが、各地で徐々に反平氏の旗印を掲げる勢力が増えている。治承四年（一一八〇）に九州の菊池隆直《たかなお》が反乱を起こし、また養和元年（一一八一）に熊野別当・湛増《たんぞう》が叛旗を翻すと、各地の反平氏勢力が立ち上がり、もはや事態の収拾がつかない状況に陥っていた。

北陸方面では、木曾義仲が勢力を拡大し、反平氏勢力の核となっていた。義仲は清《せい》和《わ》源氏の一流であったが、幼少時に木曾にかくまわれていた。これを危険視した平氏は、寿永《じゆえい》二年（一一八三）五月に平維盛《これもり》を大将として北陸方面へ派遣し、加賀・越中で義仲軍と対決した。しかし、維盛軍は見るも無残な敗北を喫し、逃走することになった（倶利加羅峠の戦い）。

平氏との戦いで勢いを得た義仲は、完全に北陸を支配下に収め、都をめざした。同年七月、義仲は比叡山を味方に引き込むことに成功すると、見事に上洛を果たした。後白河法皇は義仲を歓迎し、早速、従五位下左馬頭《さまのかみ》兼越後守に任じている。戦いに敗れた平氏は、都を打ち捨てて西走することになった。

都落ちする平氏――神器の行方

義仲の入京に伴い、平氏が都落ちすると、神器の動きがにわかにクローズ・アップされることになる。なお、以下に述べる神器の行方に関しては、谷昇氏の研究に詳しい。同氏の業績に拠りつつ、検討することとしたい。

寿永二年（一一八三）七月、いよいよ義仲が入京するとの噂が流れると、京都では一気に動揺が広がった。理由は、荒々しい武士が都に入ると、都市や庶民が蹂躙《じゅうりん》されると恐れたからである。

同月二十四日、後白河法皇は義仲入京の報を耳にすると、難を逃れるため安徳天皇と神鏡の移動を検討した。その翌日には、安徳天皇と神鏡が院御所《いんのごしょ》である法住殿《ほうじゅうでん》に行幸《ぎょうこう》したが、肝心の後白河法皇は比叡山（滋賀県大津市）へ逃亡した。

この「密幸」というべき事態に驚いたのが、内大臣・平宗盛《むねもり》である。宗盛は清盛の子であるが、異母兄の重盛《しげもり》、父清盛が没したため、平氏一門を統率する立場にあった。『平家物語』や『吾妻鏡《あずまかがみ》』では、無能な政治家として描かれており、評価の低い人物である。

宗盛は都落ちを決意すると、子息の清宗《きよむね》を法住殿に遣わし、ただちに安徳天皇に行幸を促した。安徳天皇は慌しく準備を整えると、剣璽《けんじ》とともに出発している。剣璽とは、三種神器のうちの草薙剣《くさなぎのつるぎ》・八坂瓊曲玉《やさかにのまがたま》のことである。もう一つの神器の鏡については、平氏一門の一人平時忠《ときただ》が持ち出すことに成功した。時忠の姉時子は、清盛の正妻であり、それゆえに高位高官を手にした人物である。

宗盛が都落ちに際して、安徳天皇を連れ去った理由は、平氏政権としての正統性の確保にあったことは疑いないことである。武家の力が強まっていたとはいえ、天皇の存在には大きな意味があった。

安徳天皇を連れ去る際に、三種神器を持ち出したのも、神器が天皇である証であることを理解していたからであろう。都落ちする平氏にとっては、天皇と神器の存在に大きな意味があったのである。どちらか一方でも、欠けてはならなかった。

都落ちする平氏一門に対して、公家たちの態度は実に冷たかった。もともと武士を蔑《さげす》んでいた人びとである。六波羅《ろくはら》邸で平氏一門と安徳天皇の母建礼門院《けんれいもんいん》徳子が合流すると、一路西国をめざした。宗盛は平氏の勢力が残っていた九州に逃れ、態勢を立て直そうと目論んだのである。

しかし、当初付き添っていた摂政藤原基通《ふじわらのもとみち》は、途中で一行を離脱すると、平信範《のぶのり》のもとへと逃れている。他の公家たちも似たようなもので、後白河法皇の籠もる比叡山へと続々と押しかけることになった。

失われた朝廷のシンボル

中央政界では、平氏が都落ちしたことよりも、安徳天皇と三種神器が京都から不在となったことが問題視された。公家らにとって、朝廷のシンボルが失われたことは、驚愕すべき事実であったのだ。

この時点において、かつて政権を担った平氏は、すでに「賊臣」の扱いを受けている。そして、『玉葉《ぎよくよう》』の寿永二年七月二十六日条によると、早くも神器問題を俎上に乗せていることが判明する。すばやい対応であった。

まず神璽・宝剣・神鏡の三つが平氏に奪われたことが確認されると、平氏を追討すべきか、あるいは和睦《わぼく》を結ぶかが検討された。やはり公家ら朝廷の関心は、神璽・宝剣・神鏡の三つにあり、盗まれたことは痛恨の極みであったと考えられる。

しかし、結論が出ることなく、翌二十七日、後白河法皇は比叡山を下山し、いったん京都に戻っている。翌日の二十八日、九条兼実《くじようかねざね》ら公卿らは改めて参集し、ひきつづき神器問題について議論を行った。

焦点となったのは、三種神器をめぐる二つの主張であった。一つは、平氏追討をいったん取り止め、三種神器を安全に確保することである。もう一つは、平氏追討を敢行するという意見であった。結局、平氏の代わりに入京した義仲と、義仲と行動をともにしていた叔父の源行家《ゆきいえ》に平氏追討を命じることとなった。後白河の強引な主張が通った形である。

ここで、新たな問題が生じることになる。平氏追討にあたって、当然中心となるのは、武士すなわち頼朝、義仲、行家の三人であった。兼実らは、三人に対して十分な勧賞を検討し、頼朝、義仲、行家の順番で順位をつけており、ここで、勧賞のための除目《じもく》が問題になったのである。

除目とは、官職へ任じる者を決める政務のことであり、天皇の存在なしには行いえなかった。公家らは、「天皇不在」の意味を改めて知ることになる。このとき兼実の口から、はじめて「新主」つまり新しい天皇の践祚《せんそ》が述べられたのである。

補足しておくと、践祚と即位はもともと皇嗣が天皇の位を継ぐ意味で同義とされており、七世紀後半に桓武天皇が初めて即位の儀を行った。即位の儀とは、皇位継承を諸神・皇祖に報告し、天下万民に宣する儀式のことである。以後、践祚の後に、即位式が行われるようになったのである。

しかし、一方では安徳天皇が京都に戻ってくるのを待つ、という選択肢もあり、二つの意見が対立することとなった。いずれを選択するにしても、きわめて重大な結論を生み出すことになる。

ところが、なかなか結論が出ることはなく、議論はいったん打ち切られている。ことが重要な案件だけに、早々に結論を求めることもできず、慎重な判断が必要だったのである。結局、勧賞は三人に対し口頭で伝えることとし、新しい天皇が践祚してから除目に載せることとなった。応急措置的な対応であった。

いずれにしても、新天皇の即位は急がねばならなかった。勧賞のみに限らず、政務が滞るからである。三種神器の不在も問題であるが、天皇の不在は政治に支障をきたしたのである。では、新天皇は、いかなるプロセスを経て決定されたのであろうか。

践祚をめぐる攻防

三種神器の問題もさることながら、誰を新天皇に選ぶかも重要であった。天皇不在の京都は政情不安に陥っており、一刻も早い対処が必要である。

新天皇を選ぶに際して、後白河法皇が取った手段は卜占《ぼくせん》であった。卜占とは占いのことであり、亀の甲を焼きその亀裂で吉凶を占う亀卜《きぼく》、そして筮竹《ぜいちく》をつかんだ数が偶数か奇数かで判断する筮占《ぜいせん》があった。

占いに頼ると聞けば、責任を放棄したような印象を受けるが、実はそうでない。人智では判断しがたいことを神慮《しんりょ》、つまり神の意志に委ねることは、当時広く行われていたのである。後ほど触れるが、室町幕府の六代将軍足利義教《よしのり》も籤引《くじびき》きによって選ばれている。

寿永二年（一一八三）八月、後白河法皇は二つの案を卜占に付している。二案とは、次のようになる。

（1）先に公家らが論じたように、神器のないまま新天皇を践祚させること。
（2）平氏とともに西走した安徳天皇の帰京を待つこと。

いずれにしても、難しい選択にちがいない。ただ、ゆっくりと考える時間もなく、スピードが求められた。卜占の結果、後者つまり安徳天皇の帰京を待つ、という結論を得た。

しかし、後白河法皇は思うような結果が得られなかったためか、再度卜占に付し、「吉凶半分」すなわち五分五分との結論を導き出している。再度卜占を行ったところを見ると、後白河の心中では、新天皇の践祚に期待する気持ちが強かったと推測される。

後白河は、五分五分という結論を兼実に伝え、今後の対処について意見を要求した。兼実の意見は、二度も卜占を行った後白河の見識を疑うとともに、一刻も早い新天皇践祚を求めたものである。理由はいうまでもなく、政情の安定、平氏追討、政務の円滑化である。実に冷静な意見であった。

勘文という根拠

新天皇の践祚を行うには、クリアしなければならない課題があった。それは、三種神器が存在しないという問題である。践祚において、剣璽渡御《とぎょ》は欠かすことができない。皇位継承の儀式であった。先例を重んじる朝廷にあって、この難題は克服されなければならなかったのである。

この問題を解決するため、兼実が持ち出したのは、継体《けいたい》天皇が神器を帯びず践祚をしたという先例であった。通常の手順を踏まなくても、過去に例があれば、認められることがあったのである。

記紀で第二十六代天皇とされる継体天皇は、武烈《ぶれつ》天皇の死後、その後継者として即位したと伝える。その際、即位以前に「天皇」と称し、後に剣璽を受けて正式に即位したと兼実はいうのである。先例が重視されたなかで探し出された、貴重な過去の事例であった。

一方で、後白河法皇は、別の角度から践祚の可能性を模索していた。

寿永二年（一一八三）八月十日、後白河法皇は左右内大臣に新天皇を践祚させるための方策を勅問し、議論を行わせている。具体的な中身としては、剣璽のことについて、勘文《かんもん》にその合理的な根拠を求めたのである。勘文とは、一体何であろうか。

勘文とは、朝廷や幕府の諮問に答え、諸司・諸道から上申された文書である。政治や儀式の過程で疑義が生じた場合、先例・故実・吉凶等の調査を行い、神祇官、文殿《ふどの》、陰陽寮《おんみようりよう》などの諸司、または明法《みようぼう》、紀伝《きでん》、文章《もんじよう》などの諸道に精通した者に提出させた。

三種神器なき践祚とは、まさしく儀式を行う際に生じた「疑義」であった。

その勘文の内容については、『伊呂波字類抄《いろはじるいしよう》』に収録されていることが、谷昇氏によって明らかにされている。『伊呂波字類抄』は、『色葉字類抄』とも書き、平安後期に橘忠兼《たちばなのただかね》が編纂した国語辞書である。勘文の記載があるのは、鎌倉初期に大幅に増補された流布本の十巻本である。

勘文を作成したのは、当時勘解由《かげゆ》長官兼式部大輔《しきぶのたいふ》で、文章博士《もんじようはかせ》を務めたことがある藤原俊経《としつね》であった。その内容は、次の三つの内容から構成されている。

(1) 神話に由来する三種神器は、天皇が相伝し天下を治めている。
(2) 天が造った神器は、天皇に授けたものであるから、人間が奪ったり盗んだりはできない。
(3) 三種神器は図らずも散佚《さんいつ》しているが、三種神器は神であるゆえに必ず帰ってくる。

まず、（1）については、三種神器が存在する一つの大前提である。（2）は、三種神器を天皇以外が所持しても、無意味であることを示している。つまり、安徳天皇を廃位すれば、三種神器そのものが無意味になるということである。（3）は、三種神器がしかるべき主のもとに帰ってくることを意味しよう。要するに、新天皇が践祚すれば、三種神器が必ず戻ってくるということである。

となると、新天皇を一刻も早く践祚させる必要が生じてくる。新天皇が践祚すれば、安徳天皇のもとにある三種神器は、その意味を持たなくなるからである。

つまり、後白河法皇は、勘文を一つの根拠として、新天皇の践祚を行おうとしたのであるが、三種神器は現実に存在しなかった。践祚を行うには、さらにそれを繕うためのロジックが必要だった。そのロジックこそ、「如在之儀」と「太上法皇詔書」であった。以下、説明することにしよう。

「如在之儀」と「太上法皇詔書」

「如在之儀」の如在とは、『論語』にある言葉であり、神・主君が眼前にいるかのように、つつしみかしこむこと、を意味する。つまり、儀式の場において三種神器は存在しないが、あたかもあるかのごとく振舞うことにしたのである。「如在之儀」は、公家らが苦心惨憺《さんたん》して搾り出した苦肉の策であった。

もう一つの「太上法皇詔書」とは、何を意味するのであろうか。太上法皇は退位・出家した天皇を示す尊称であり、このケースでは後白河法皇のことである。詔書とは、天皇の命令を下達する公文書で、主に臨時の大事に用いられた。三種神器不在は、たしかに「臨時の大事」といえよう。

歴代天皇の践祚を記録した『践祚部類鈔』には、その様子について、次のように記している。その手順は、①諸道の勘文を召し、②諸卿による議定がなされ、③太上法皇詔書が交付されるというものである。このように、三段階もの慎重な手順を踏まえたうえで、寿永二年（一一八三）八月二十日、新天皇である後鳥羽の践祚が行われたのである。

この践祚儀は肝心の「剣璽渡御」を欠くという、不完全なものであった。兼実はこれを評して、「希代の珍事である」と述べている。後白河や兼実は、さまざまな手段を尽くして、後鳥羽の践祚を実現したが、「画竜点睛《がりょうてんせい》を欠く」という感情を拭えなかったのであろう。

後鳥羽天皇の即位式

践祚儀だけでは、不十分であることは否めない。ひきつづき即位式を行わなければならないからである。

当初、年内に即位式を行う予定であったが、度重なる内乱により、すぐさま行える状況にはなかった。したがって、後鳥羽は完全な天皇とみなされていなかったようである。例えば、『後鳥羽院御即位記』によると、即位式以前の寿永二年（一一八三）閏《うるう》十月八日、節会《せちえ》を執り行うか否かが議論になっている。

節会とは、宮廷で節日などに、天皇のもとに群臣を集めて行われた公式の行事である。歌舞が奏され、群臣に宴や禄が与えられたので、支配層としての一体性を維持・強化するのに重要な行事であった。

節会が議論になった理由は、次のとおりである。後鳥羽が即位式を行っていないため、即位式以前に節会を開催することは、二条天皇以外には例がない、と問題視されたのである。

激しい議論の末に、即位以前に節会を行うのは、よくないのではないか、という結論に落ち着いた。なかでも、内侍所にあるはずの神鏡が存在しないことには、誰もが納得していなかった様子がうかがえる。これらの理由により、年内の節会はすべて中止となったのである。

翌元暦《げんりやく》元年（寿永三＝一一八四）六月以降、即位をめぐっての議論はつづくが、天皇が即位式を行わなければ、業務に差し障りがあるのは明らかであった。

ここでも議論の的になったのは、儀式に必要な三種神器が存在しない問題であった。即位を行うには、相応の根拠が必要であるため、代案として卜占に拠るべきか、また勅許に拠るべきか、等の案が提示された。

同年六月二十八日、即位式を行うか否かを改めて議論したが、大勢は延引すなわち先延ばしというものであった。しかし、後白河は前日に兼実に命じて、即位式挙行の方向で動いていた。その翌日には、慌しく即位式の挙行を決定し、併せて伊勢の奉幣《ほうべい》使《し》を派遣しているのである。

こうして、同年七月二十八日に即位式は執り行われたが、剣璽がないという異例のものにならざるをえなかった。数多くのレトリックを駆使し、何とか挙行に漕ぎつけたものの、関係者の多くの気持ちはすっきりしなかったにちがいない。

先例にならって、正確に朝儀を執行することは、当時の公家にとって重要な任務であった。したがって、三種神器を欠く後鳥羽天皇に対して、必要な要件を欠く印象を拭えなかったと考えられる。それでも即位式を挙行することは、現実の政治を動かすのに必要だったのである。

安徳天皇入水——宝剣喪失

平氏に持ち去られた三種神器は、一体どうなったのであろうか。

寿永二年（一一八三）七月に三種神器が平氏に持ち去られたことは、すでに述べたところである。その後の状況については、『玉葉』『吾妻鏡』『平家物語』等の諸史料によって、確認しておこう。

都落ちした平氏一門と安徳天皇らは、西国をめざして再起を期している。しかし、頼みとした西国の武士たちも、もはや都落ちした平氏に味方するものは少なく、苦戦を強いられることになる。

まず、現在の兵庫県神戸市の一の谷合戦で平氏は敗れると、次に戦いの舞台を香川県高松市の屋島に移した。ここでも、平氏は敗北し、舞台を山口県下関市の壇ノ浦に移すことになる。史上に名高い壇ノ浦の合戦が行われたのは、元暦二年（寿永四＝一一八五）三月二十四日のことであった。

ところで、実際に平氏を追討する源頼朝は、安徳天皇や三種神器について、どのような考えを持っていたのであろうか。四国から兵糧の窮乏を訴える弟の源範頼《のりより》に対し、頼朝は安徳天皇の身柄を安全に確保するように求めている。

その理由は、先に木曾義仲が皇親である円恵《えんけい》（後白河の息子）を討ち、また平氏が挙兵した以仁王を討ったことにより、義仲・平氏の命運が尽きたと見ていたからであった。つまり、万が一安徳天皇を失うことになれば、頼朝自身も神仏の加護から見放されてしまうと考えたからである。

頼朝が神威を恐れる気持ちもあったと思われるが、今後の政治的な展開を考えるうえにおいて、安徳天皇と三種神器の確保は至上の命題だったはずである。そのような意味で、頼朝は範頼に対して、改めて三種神器の確保を要請したのである。

壇ノ浦の合戦が始まると、平氏は不利な戦いを強いられ、たちまち劣勢となった。いよいよ敗北という段になって平氏の武将である平知盛《とももり》などは自ら入水した。ところが、ここで予想外のことが起こった。二位尼《にいのあま》（清盛の妻時子。安徳の祖母）が宝剣を持って入水し、同じく按察局《あぜちのつぼね》が八歳の安徳を抱えて入水したのである（『吾妻鏡』）。

神璽や鏡はどうなったのか。神璽の箱については、海上に浮かんでいるところを確保することができた。神璽は本来見ることができないのであるが、たまたま拾い上げた武士がこれを見たといわれている。何とか鏡も救い出すことができた。神璽と鏡については、幸いにして何とか確保したのである。

しかし、宝剣が海底に沈んで戻らなかったことは、大変な問題となった。追討の先頭に立った源義経は、西国へ出立する前に後白河に召され、三種神器を無事京都に持ち帰るよう、命じられている（『源平盛衰記《せいすいき》』）。これに対して義経は、三種神器の確保を確約しているのである。

後白河が安徳天皇に触れていないところを見ると、もはや三種神器を確保し、後鳥羽天皇の正統性を維持することに腐心したものと推測される。この段階で、後白河は安徳天皇を見捨て、保身に走っていたのである。

同様に、頼朝が再度、範頼に対して三種神器確保を要請した際にも、安徳天皇の身柄確保のことは抜けている。後白河も頼朝も事実上廃帝となった安徳天皇には関心がなく、神器不帯の後鳥羽に対する意識が明らかに強くなっている。したがって、宝剣を失ったことは、義経をはじめとする征討軍の大きな失策だったといえよう。

翌月十一日、鎌倉の源頼朝のもとに、義経からの一巻記が届けられている（『吾妻鏡』）。一巻記には、壇ノ浦の戦いにおいて、平氏側の捕らえられた人物や入水した人物が書き上げられていた。

冒頭には、安徳天皇の入水の状況が記されており、末尾には宝剣のみが戻らなかったことが書き留められていた。頼朝は部下が読み上げるのを聞いた瞬間、声を発することができなかったという。それほど痛ましい出来事だったのだ。

一方の義経も、反省の思いを禁じえなかった。一巻記には、ひきつづき宝剣の探索にあたっていると記されているが、広大な海のなかで、宝剣を見つけ出すことは、事実上不可能に近い。その探索も困難をきわめると、いよいよ神頼みに転じることになる。

義経は宇佐神宮（大分県宇佐市）に願文《がんもん》（神仏に祈願を伝える文書）を奉じ、もし宝剣が見つかったならば、宣旨《せんじ》（天皇の意を下達する文書）を下し神位を寄進すると約束している。そのなかでは、神位を寄進するという、本来朝廷が行うべき行為を持ち出しており、義経の強い焦りを見ることができよう。

「国家的プロジェクト」としての宝剣探索

かくして宝剣の探索は、絶対的な至上命令となる。

大海の宝剣を探し出すことは、きわめて困難を伴う作業であったが、後鳥羽ら朝廷は執念で探し出そうとしていた。そのため、現地における捜索と併行して、諸社奉幣と密教修法が行われた。

『吉記』元暦二年五月六日条によると、三種神器の帰京を祈願して、二十二社奉幣《ほうへい》が執り行われている。奉幣とは、神に幣帛《へいはく》（布帛・金銭・酒食など神前への供物）を捧げることを意味する。このときは神璽と鏡が戻ったことを感謝するとともに、海底に沈んだ宝剣が現れることを祈願している。

奉幣は、翌年に十二社、翌々年に七社と数は減っているが、毎年執り行われている。この事実から見ても、後鳥羽が宝剣捜索を諦めておらず、神威に頼るほどの熱の入れようであったことがわかる。

密教修法とは、密教で行う加持祈禱《かじきとう》のことで、壇を設けて本尊を安置し、護摩《ごま》を焚くなどして、目的とする願いを達成しようとするものである。こちらは仁和寺宮《にんなじのみや》・守覚法親王《しゅかくほっしんのう》（後白河の第二皇子）に要請しているが、事実上拒否されている。

これにもまして大掛かりだったのが、壇ノ浦における宝剣探索であった。宝剣探索を命じられたのは、厳島《いつくしま》神社（広島市廿日市市）神主である佐伯景弘《さえきかげひろ》である。景弘が探索を命じられたのは、壇ノ浦の合戦のときに宝剣の沈んだ場所を知っているからという理由であった（『百練抄《ひやくれんしよう》』）。

では、佐伯景弘とは、いかなる人物なのであろうか。

景弘は、もともと平清盛の家人であり、安芸国内に多くの厳島社領を保持していた。

安芸守に任じられており、壇ノ浦の合戦まで平氏方についていた。宝剣の沈んだ場所を知っているだけに、かつての敵方とはいえ、登用せざるをえなかったのであろう。『玉葉』文治《ぶんじ》二年六月十日条によると、景弘が登用された真の理由は、宝剣のことで霊夢があり、景弘がこれを注進したためと記されている。となると、当初は現地探索まで考えていなかったが、景弘からアプローチがあり、実行に移されたと考えられる。それゆえに、現地探索決定までに一年三ヵ月もの時間がかかったのであろう。藁《わら》にもすがる思いとは、このことであろうか。

文治三年（一一八七）七月二十日、景弘は宝剣求使《もとめし》に任じられると、現地へ向かい、海人《あま》に宝剣の探索にあたらせた。海人とは、海で魚類、貝類、海藻などを採集し、生業としている人びとのことである。

このときの費用つまり海人への手当てやもろもろの経費は、西海諸国の地頭が負担することになり、頼朝がこれを命じている。頼朝のほうでも、宝剣探索は無視しえない状況にあったのである。

しかし、この時点で宝剣が沈んでから二年余の年月が経過しており、そもそも広大な海から探し出すのであるから、見つかる可能性はきわめてゼロに近い。案の定、探索から二ヵ月後、帰京した景弘の報告は思わしいものでなかった。探索に同行した神祇官、陰陽寮も、宝剣発見の期待を卜占に託すのみであった。

かくして「国家的プロジェクト」として行われた宝剣探索は失敗に終わったが、後鳥羽の執念は衰えなかった。宝剣喪失から二十七年後の建暦《けんりやく》二年（一二一二）五月、後鳥羽は藤原秀能《ひでよし》を派遣し、最後の宝剣探索を行なったのである。

藤原秀能は歌人であり、後鳥羽の近臣でもあった。この宝剣探索は、系図である『尊卑分脈《そんぴぶんみやく》』や秀能の歌集『如願法師集《にょがん》』にしか記録されていない。書かれてある内容からすると、前回のような大掛かりな探索ではなく、現地で宝剣が見つかったとの噂を聞き、鎮西《ちんぜい》（九州）へ確認のため下向したというべきであろう。もちろん、発見に至らなかったことは、言うまでもない。

宝剣代の創出

宝剣は結局見つからなかったものの、放置しておくわけにはいかない。三種神器を欠くことは重大な瑕疵《かし》であり、早急に解決されねばならない問題であった。その後、この件は、どのように処置がなされたのであろうか。

宝剣探索が打ち切られた文治五年（一一八九）五月、宝剣の扱いについて、法家《ほうか》の勘文を求めている（『百練抄』）。法家とは、その名のとおり法律に関する学問を取り扱う官吏である。宝剣探索後も、ひきつづき問題が真剣に議論されていたことは明らかであるが、このときの結果は詳《つまび》らかではない。

九条兼実は、後鳥羽の中宮として長女任子《にんし》（宜秋門院《ぎしゆうもんいん》）を入内させるにあたって、後鳥羽の元服儀を重要視していた。前年における宝剣の扱いに関する議論は、その延長線上にあったと推測される。元服儀では、当然のことながら、三種神器の扱いが問題となるからである。

文治六年（一一九〇）正月三日、朝廷では後鳥羽の元服に際し、昼御座《ひのおまし》の剣によって、宝剣の代用（宝剣代）とすることを決定した。昼御座とは天皇が日中にいる平敷の御座で、清涼殿の東廂《ひがしひさし》に畳二枚を敷き、上に茵《しとね》を置いていた場所である。昼御座の剣とは、そこに安置された剣のことである。この宝剣代の採用が決まったのは、何と元服儀当日のことであった。

宝剣代は、別の問題を含んでいた。宝剣を失って以後、朝儀・行幸では、従来の「剣が先、璽が後」という剣璽の順番が逆転していた。本来あるべき姿とは異なっていたのである。兼実は宝剣代を用いることにより、順序を本来のものに戻すことを画策したのであろう。正式な朝儀の復興である。

この一件は種々議論を行ったが、一向に結論が出なかった。結局、結論は後白河に委ねられることになったが、散々待たされた挙句、何ら判断が示されなかった。結果、後鳥羽の元服儀における剣璽の順序は、そのまま変則的な「璽が先、剣が後」で執り行われたのである。

この事態をどのように考えるかであるが、これまでの三種神器に関する後白河の判断基準は、勘文、議定、卜占にもとづいたものであった。それは、不測の事態を想定していなかったため、決断しかねたからと思われる。さすがに当日のことでもあり、即断できないほど厄介な問題だったのである。

宝剣代は、その後も長らく採用され、建久《けんきゅう》九年（一一九八）における土御門《つちみかど》天皇践祚、承元《じょうげん》四年（一二一〇）における順徳《じゅんとく》天皇践祚の折にも、「璽が先、剣が後」で儀式が執り行われた。ある意味で、「先例」の一つとして継承されたのである。

ところが、この事態にも終焉が訪れる。承元四年十一月、順徳が伊勢神宮奉幣使発遣のために神宮官庁へ行幸する機会を捉え、後鳥羽院は一つの名案を思いつく。それは、宝剣として、寿永二年（一一八三）に伊勢神宮祭主・大中臣親俊《おおなかとみのちかとし》が後白河に贈った剣を採用することであった。

後鳥羽の提案は、「一同もっとも然るべきよし、これを申さる」とあるように、朝議では満場一致で可決された（『御即位由奉幣部類記』）。この剣は「神宮御剣」と称せられ、順徳の行幸に間に合うように届けられ、かつ剣璽の順序も従来の「剣が先、璽が後」に戻ったのである。ここに至って、宝剣問題は一つの区切りをつけた。

神器不帯というコンプレックス

源平の抗争のなかで勃発した宝剣喪失という事態は、三種神器の存在を大きくクローズ・アップさせるものであった。

三種神器の重要性は、武家も重々承知しており、平氏は西国落ちにあたって安徳のみならず、三種神器も忘れずに携行した。一方、追討する頼朝の方も、安徳天皇と三種神器の確保に努めている。

改めて言うまでもないが、天皇とは三種神器を伴って、はじめてその地位を認められたのである。

そのことを熟知していた朝廷側では安徳天皇を廃位し、後鳥羽を践祚させることで、天皇と三種神器を分離することに成功する。後鳥羽践祚によって、廃位となった安徳天皇よりも、三種神器の存在が重みを増すことになった。しかし、三種神器を帯びない後鳥羽は、異常な状態にあったといってよい。

三種神器を欠いていては、先例にならった践祚や即位ができない。現実問題として、日常業務にも支障が出ていた。そこで、朝廷では先例をはじめとするさまざまな手法を駆使し、後鳥羽践祚を行うが、決して後白河の独断で行いえたものではない。すでに述べたとおり、議定、卜占、勘文といった根拠にもとづき、ある種の合意形成が必要だったのである。

神器不帯という事態は、後鳥羽にコンプレックスを抱かせたであろう。また、宝剣問題を解決するには、相当な時間を要した。後鳥羽以降も、宝剣代等を持ち出して苦肉の策を講じ、新たな宝剣を創出するのに約二十五年も時間がかかっている。

この間、史料にはなかなかあらわれないが、後鳥羽個人も相当に考えたであろうし、朝廷内部においても議論がなされたであろう。

承元四年（一二一〇）に神宮御剣が宝剣となったことは、意義のあることであった。ところが、その実現には、かつて「伊勢神宮祭主大中臣親俊が後白河に贈った剣を採用する」という由緒が必要であり、朝廷内部での合意形成を要した。

この宝剣は、「准宝剣」と称されることもあるが、現実には「准宝剣」ではなく「宝剣」そのものであったと考えてよい。

三種神器は、神威や霊性を帯びており、神そのものであった。朝廷内部では、由緒と合意形成によって、「神器不変」の論理を貫徹したのである。南北朝以後も三種神器が奪取されると、さまざまな理論的な根拠によって、その意義が説かれた。その淵《えん》源《げん》は、実に鎌倉期の宝剣喪失にまで遡《さかのぼ》るのである。

第二章

南北朝における三種神器

大覚寺統と持明院統――南北朝の起源

ふたたび三種神器問題がクローズ・アップされるのは、南北朝期に入ってからであった。まずは、南北朝時代の流れについて触れておこう。

鎌倉時代中期の文永《ぶんえい》九年（一二七二）に後嵯峨《ごさが》法皇が没すると、後深草《ごふかくさ》天皇（持明《じみよう》院《いん》統）と亀山《かめやま》天皇（大覚寺《だいかくじ》統）のいずれの皇統が皇位を継承するかで問題が生じた。皇位継承には、広大な皇室領荘園の相続の問題も絡んでいるため、天皇家は二つに分裂し対立した。

鎌倉幕府ではこの事態を問題視し、ときの執権である北条時宗が調停に乗り出した。その内容は、大覚寺統の亀山天皇の皇子世仁《よひと》親王（後宇多《ごうだ》天皇）が践祚した際、その皇太子として持明院統の煕《ひろ》仁親王（伏見天皇）を定めるというものであった。つまり、両者の勢力均衡を重視し、交互に皇位を継承するよう斡旋を行ったのである。

持明院統と大覚寺統が交互に皇位を継承することは、両統迭立《てつりつ》と呼ばれた。両統迭立については、明確なルールが規定されていたわけではないが、皇位継承は以後この原則が踏襲されることになった。しかし、以後も皇位継承に関して両統は対立し、皇室領をめぐる争いもつづいた。

文保《ぶんぽう》元年（一三一七）、長らくつづいた皇位継承問題を根本から決着するために、鎌倉幕府がついに持明院統・大覚寺統間の斡旋に乗り出した。持明院統の伏見上皇と大覚寺統の後宇多法皇との間で交わされた斡旋案は、次の三点に集約される。

（1）花園天皇の次には、尊治《たかはる》親王（大覚寺統・後醍醐天皇）が即位する。

（2）在位期間は十年とし、両統で交替し天皇が即位する。

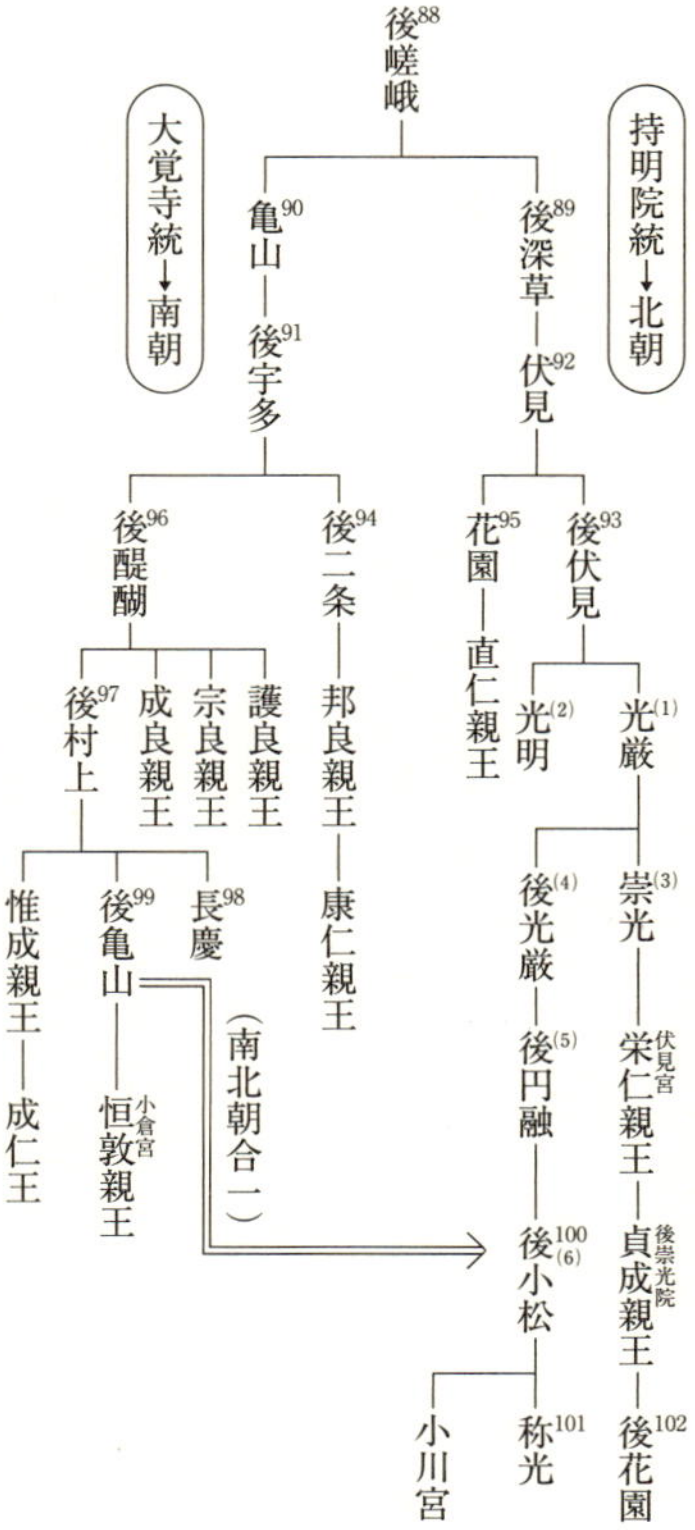

南北朝期の天皇家略系図
※数字は即位代数。カッコ内は北朝の代数

（3）次の皇太子は邦良《くによし》親王（大覚寺統・後二条天皇の第一皇子）とし、その次は量仁《かずひと》親王（持明院統・のちの光厳《こうごん》天皇）とする。

この斡旋案は、幕府によって提案されたものであるが、持明院統側が不満を持ったため、明確な指針とはならなかった。特に（3）は、大覚寺統が二代続けて皇位につく有利な条件であり、その点に納得がいかなかったのであろう。この斡旋を文保の和談と称する。結局、翌年の文保二年（一三一八）、このルールにもとづき後醍醐天皇が即位している。

このルール――両統迭立――を一方的に破棄したのが、後醍醐天皇である。

後醍醐は、即位後の元亨《げんこう》元年（一三二一）に院政を廃止すると、天皇親政による政治を行った。吉田定房《よしださだふさ》や北畠親房《きたばたけちかふさ》らを登用して、政治改革を一気に推し進め、その最終的な目標を鎌倉幕府打倒と天皇親政に置いたのである。

その第一弾が、正中《しょうちゅう》元年（元亨四＝一三二四）に起こった正中の変であった。正中の変とは、後醍醐が配下の日野資朝《ひのすけとも》・俊基《としもと》と倒幕を計画した事件である。山伏姿に身をやつした俊基は各地の情勢を探り、さらに無礼講《ぶれいこう》と称する会合を開いては、具体的な倒幕計画を練り上げた。

この計画は、幕府の知るところとなり、やがて日野資朝・俊基は捕らえられた。資朝は佐渡島（新潟県佐渡市）へ配流《はいる》となり、俊基は罪を何とか免れている。実質的な首謀者である後醍醐は、当時権大納言であった万里小路《までのこうじ》宣房《のぶふさ》を幕府へ陳弁に遣わし、辛うじて罪を逃れるありさまであった。正中の変は実行前に露顕し、未遂に終わったのである。

元弘の変

正中の変は失敗に終わったが、後醍醐の執念は消えていなかった。後醍醐の倒幕活動の第二弾は、元弘《げんこう》の変である。正中の変で一度は挫折した後醍醐であったが、その後も密かに倒幕計画を練り上げていた。しかし、元弘元年（元徳三＝一三三一）四月、股肱《ここう》の臣である吉田定房は後醍醐の身を案じ、計画の真相を幕府に密告した。

通報を受けた鎌倉幕府は、すぐさま首謀者である日野俊基と真言宗の僧文観《もんかん》（後醍醐の護持僧）を捕らえた。八月、後醍醐は京都を脱出して山城国笠置《かさぎ》（京都府笠置町）に籠もったが、幕府に捕らえられ、翌年の三月に隠岐《おき》に配流されている。さすがの後醍醐も、二度目の反逆で挫折したのである。

注目すべきことに、笠置に逃亡した後醍醐は、忘れずに三種神器を携行していた。この事実を記した『太平記』や『増鏡《ますかがみ》』などによると、後醍醐は三種神器を奉じて禁裏《きんり》の陽明門を出ると、当初は比叡山坂本（滋賀県大津市）をめざしている。つまり、前章で見た安徳と同様に、天皇である証として、三種神器を持ち出しているのである。

南北朝期に成立した西園寺公宗《きんむね》の妻名子《めいし》の日記『竹むきが記』によると、「内侍所《ないしどころ》はおはします」とあるように、実際には神鏡のみは残っていたようである。急ぎ逃亡するために、神鏡のみは持ち去ることができなかったのであろうか。

後醍醐が神鏡を残し、剣璽のみを持ち去った理由は、実のところ明らかではない。あえて推測を試みるとするならば、既に触れたとおり、践祚などの儀式で「剣璽渡御の儀」が重要視されていたことが関連すると思われる。つまり、剣璽を持ち去ることにより、儀式の阻止あるいは遅延を狙っていたと考えられる。

剣璽奪還

焦点を剣璽に絞って、もう少し詳しく述べることにしよう。

この事態に対して、持明院統の後伏見上皇の対応は、きわめて早かった。後醍醐が京都を離れた二日後の八月二十六日、後伏見は伊勢神宮と賀茂社（京都市左京区）に願文を捧げ、量仁親王《かずひと》（のちの光厳天皇《こうごん》）の践祚を願っているのである。両統迭立という当初の約束が反故にされただけに、後伏見にとっては、持明院統復活の願ってもないチャンスであった。

それから約一ヵ月後の九月二十日、後伏見の詔《みことのり》によって、量仁親王は践祚した。『践祚部類鈔』によると、剣璽渡御の儀については、「寿永の例」によったと記されている。後伏見の詔についても、後白河の詔のときと同じで、特例的な先例にならっている。

ただ、宝剣については、昼御座《ひのおまし》の剣があったので、それを代用したようである（『竹むきが記』）。つまり、後鳥羽の先例が百五十年を経て、再現されたわけである。この時点で、後醍醐は「先帝」になり、安徳と同じような立場になった。事実上の「廃帝」である。

三種神器を欠く光厳は、やはり何かしら体裁の整わない気持ちであったであろう。それは、かつての後鳥羽と同じである。周囲にもそのような雰囲気があったかもしれない。光厳践祚から十日ほど経過した九月二十九日、ようやく後醍醐は、幕府の出先機関の六波羅探題《ろくはらたんだい》に捕らえられた。

後醍醐の捕縛と同時に、早くも俎上に上ったのが、持ち去られた剣璽の行方である。

光厳にすれば、一刻も早く剣璽の返還を願ったはずである。

花園天皇の日記『花園天皇宸記《しんき》』の別記には、剣璽返還の経緯が記されている。剣璽を返却することは、十月四日に幕府から早々に打診があった。その報告によると、後醍醐は「悋惜《りんせき》」という言葉に示されるように、剣璽の引き渡しを渋っており、返還作業が難航しているとのことであった。

しかし、後醍醐の態度は翌日に和らいだようで、「先帝（後醍醐）すでに御承諾」とあるとおり、剣璽の引き渡しに応じた。この間の事情は詳《つまび》らかではないが、後醍醐とすれば剣璽返還を渋ることにより、最後の抵抗を試みたのであろう。

十月五日、「元暦の例」にならって、参議らが六波羅に剣璽を受け取りに行った。まず、彼らが行ったのは、「検知」つまり剣璽の確認作業と言うべきものであった。確認作業に当たったのは、四条隆蔭《しじょうたかかげ》、三条実継《さんじょうさねつぐ》、冷泉定親《れいぜいさだちか》の面々であった。四条隆蔭、三条実継とも、光厳の側近というべき人物である。

彼らは、剣璽を検知すると、宝剣を落としたが無傷であったこと、神璽を入れた筥《はこ》の緒が切れていることを確認した。それ以外に破損はなく、問題がなかったようである。剣璽の無事を確認すると、新しく櫃《ひつ》を準備し、そこにそれぞれ剣と璽を納めて封を行うという、念の入れようであった。櫃に納められた剣と璽は、さらに辛櫃《からびつ》へと納められている。その間も、周囲では警衛する大勢の武士が、見守っていた。剣璽が戻ってきた喜びは格別であったらしく、後鳥羽の時は神鏡・神璽の返還に足かけ三年を要したが、今回は二十日余りで決着がついたと花園は日記に記している。三種神器の重要性というものが、十分に認識されているのである。

触穢・改元

今回の一件は、「元暦の例」すなわち後鳥羽の事例が引き合いに出されている。もう少し、その点を確認しておこう。

禁中へ戻った剣璽は、関白・鷹司冬教《たかつかさふゆのり》により「元暦の例」にならい、内侍所に安置すべきことが提案された。花園はこれに対して、次のように述べている。

元暦のときは、神璽と神鏡が一緒に戻ってきたが、今回は事情が違っている。剣璽は戦場から戻ってきたもので、旧主（後醍醐）は命がけで山中をさまよっていた。したがって、触穢《しょくえ》の疑いがある。そのまま内侍所へ持ち込めば、憚《はばか》りがあるにちがいない。

合戦は後醍醐が籠もっていた笠置で行われたため、剣璽が人の死などの不浄に接した可能性がある。花園は、そのまま内侍所に安置するのはまずいと判断したのである。中世では触穢を恐れ、清浄の身に戻るまで、神事等を差し控えていた。花園の提案もあり、剣璽はいったん直廬《じきろ》に置かれることが決定した。

直廬とは、皇族や主要な臣下が宮廷内に与えられる個室であり、皇太后、女御《にょうご》、親王、内親王、摂関、大臣などが休息・宿泊・会合などに用いていた。摂関は、ここで政務を執ることもあった。

もう一つ忘れてはならないのが、改元である。改元の理由は、代始《だいはじめ》・祥瑞《しょうずい》・災《さい》異《い》・革年《かくねん》の四つに分けられる。この場合は、後醍醐が帝位を退き、光厳が践祚したため、代始の改元が行われた。

通常、代始改元は践祚の翌年に行われることになっており（踰年《ゆねん》改元）、このときも翌年（一三三二）の四月二十八日に元号を「正慶《しょうきょう》」と改めた。改元によって、後醍醐自身も大いに落胆したと考えられる。

院政を敷いた後伏見は、後醍醐の旧臣を一掃し、かつての持明院統系列の公卿を登用した。後伏見は後醍醐に劣らず政治に熱心であり、院評定・文殿の訴訟制度などを整備している。ただ、後伏見は幕府に強く依存しており、評定衆の選任に際して、幕府の承認を得ていたことなどが指摘されている。

改元手続により、後醍醐の痕跡というべきものは、名実ともに抹殺されたのである。元弘の変においては、どうしても政治的な部分に目を奪われがちであるが、一方において三種神器も重要な問題であった。以後の後醍醐の動静は、三種神器をめぐる攻防が一つの焦点になるのである。

後醍醐の復活

後伏見院政・幕政は、一見してスムーズに運営されているかのように見えた。しかし、後醍醐が隠岐に流されてから二年後、復活のチャンスが訪れる。

後醍醐が隠岐に配流された後も、各地で倒幕運動がくりひろげられ、徐々に効果をあげていた。元弘三年（正慶二＝一三三三）に入ってからは、和泉・河内で楠木正成《くすのきまさしげ》がゲリラ戦を展開し、幕府を悩ませている。さらに後醍醐の子息である護良《もりよし》親王も、吉野から各地に向けて、倒幕の決起を呼びかけていた。

元弘三年閏二月、後醍醐は隠岐を脱出し、伯耆《ほうき》国の名和《なわ》長年《ながとし》のもとを訪れた。後醍醐は長年に奉じられると、伯耆大山《だいせん》（鳥取県大山町など）の麓にある船上山《せんじょうさん》（同琴浦町）に移動し、各地に倒幕を号令したのである。これにより、各地の反幕府勢力が決起し、一気に倒幕の気運が高まった。

倒幕のキーマンというべき人物が、後に室町幕府初代将軍となる足利尊氏《あしかがたかうじ》である。

同年三月二十七日、尊氏は鎌倉幕府の命をうけ、北条一門の名越高家《なごえたかいえ》と鎌倉を発ち京都をめざしたが、一方で船上山の後醍醐に密使を送り、帰順を申し出ている。尊氏は倒幕の勅命を得ると、広範囲の武士らに倒幕の檄を飛ばした。

同じ年の五月には、尊氏が入京し、六波羅探題と激しい攻防をくりひろげていた。やがて探題側は、敗色が濃厚になると、近江方面へ脱出。近江国番場《ばんば》で、探題・北条仲時《なかとき》ら主従は、揃って自刃した。同じ頃、倒幕に応じた新田義貞《にったよしさだ》は鎌倉を攻撃し、幕府の滅亡に貢献している。

伝統的秩序の打破

かくして鎌倉幕府は滅亡したのであるが、船上山にいた後醍醐は、六月五日に京都二条富小路殿の内裏に還幸《かんこう》すると、ただちに今後の施政に関わる重大発表を行っている。その内容は、『公卿補任《くぎょうぶにん》』等の史料に記されており、おおむね次の七点に集約されよう。

（1）自立登極（即位すること）して皇位に復するが、重祚《ちょうそ》（一度位《くらい》を退いた天皇が再び位につくこと）の礼は行わないこと。
（2）正慶の年号をもとの元弘に戻すこと。
（3）元弘元年九月以降の任官・叙位は、無効にすること。
（4）礼成門院（禧子《きし》）は、もとのように後醍醐の中宮とすること。
（5）康仁《やすひと》親王を廃するとともに、親王号も廃すること。
（6）後宇多の皇女崇明門院禖子《ばいし》の門院号を廃し、内親王とすること。
（7）足利尊氏に内の昇殿を聴《ゆる》すこと。

この七つのうち、（2）から（6）については、後醍醐自身が不在のときに決まったことを無効とするものであった。

後醍醐の政治に対する凄まじい執念は、『梅松論《ばいしょうろん》』の有名な一節「古《いにしえ》の興廃を改めて、今の例は昔の新儀なり、朕が新儀は未来の先例たるべし」に込められている。つまり、自分の決定した新しいことは、未来の先例になる、との強い自信でもあった。

十四世紀半ばに成立した歴史物語『増鏡《ますかがみ》』によると、後醍醐は神璽の箱を離さず隠岐へ行ったことから、単に隠岐行幸から還幸したに過ぎないとしている。要するに廃位を認めていないのである。加えて言うならば、後醍醐が行幸に出ている間に、勝手に物事が決まっていたということになろう。神璽を携行した事実は誤りであるが、後醍醐の意識のなかでは、おそらく同じ思いがあったと推測される。

したがって、このなかの（2）の年号を元に戻すということは、改元が代始を意味することを考え合わせれば、当然「正慶」を無効とせざるをえなかった。実はすでに、五月十七日において、伯耆の行在所《あんざいしょ》で光厳を廃位するとともに元号を「元弘」に復することを宣言している。

もっとも重要なのが、（1）である。登極の「極」は北極つまり天子の位を象徴し、言葉自体は天皇が位に就くことを意味している。

この自立登極とは、後醍醐自身の意思で天皇位に就くことである。これまで見てきたように、践祚にあたっては先例が重視され、しかも三種神器がない場合は、さまざまな手段を講じて儀式が行われてきた。

自立登極して重祚の礼を行わないことは、後醍醐自身の絶対的な権力を周囲に顕示するとともに、何者にも左右されない強い意思を示していると考えられる。もちろん、以降の建武《けんむ》の新政は、後醍醐の意思が徹頭徹尾貫かれたといっても、決して過言ではないのである。

後醍醐の行った建武の新政の特徴を一言で言うならば、天皇独裁体制を打ち立てようとするものであった。

例えば、八省の長官には、公家の上位者を配し、天皇直属の執政官に位置づけている。そして、特定の家系による官司請負制を否定し、また国司の任免も自由に行い、知行国制を破壊した。要するに、後醍醐は先例や家格秩序を打ち破り、伝統的秩序にメスを入れたのである。

所領政策では「個別安堵法」を採用し、所領に関わることは、天皇の専権事項として、綸旨《りんじ》（蔵人が天皇の意を受け出す文書）に絶対的な効力を与えた。

後醍醐はその他にもさまざまな政策を行っているが、戦後の論功行賞も含め、不満が各地で噴出した。少なからず従来の手法を変えることは、歓迎されなかったのである。やがて、建武政権は行き詰まりを見せ、破綻を迎えることになる。

後醍醐と尊氏の決別

建武政権の破綻は、後醍醐と尊氏の関係の決裂をも意味していた。

尊氏が後醍醐から一身に信頼を集めていたことは、もはや言うまでもない。例えば、尊氏の「尊」字は、後醍醐の偏諱《へんき》「尊」を与えられたものである。建武政権樹立後も、尊氏・直義《ただよし》兄弟の恩賞地は、北条氏旧領の二十ヵ国四十五ヵ所に及んでおり、その破格な扱いをうかがうことができる。

すでに、九州北部においては反乱が勃発していたが、建武政権の崩壊を決定づけたのは中先代《なかせんだい》の乱である。中先代の乱とは、鎌倉幕府最後の執権・北条高時《たかとき》の遺児時行《ときゆき》（高時以前の北条氏を先代、足利尊氏を後代として、中先代と称した）が、建武二年（一三三五）に信濃で起こした反乱である。時行は信濃で挙兵すると、鎌倉の足利直義《ただよし》を攻撃し、七月には鎌倉を占拠した。

反乱を鎮圧するため京都を進発した尊氏は、八月十九日に鎌倉奪回に成功している。実は尊氏が進発する際、後醍醐に対し、総追捕使《そうついぶし》・征夷大将軍任官を奏請している。しかし、この奏請は後醍醐に却下されていた。

結局、このことも災いしたのか、尊氏は後醍醐の再三の説得にもかかわらず、上洛を拒みつづけた。この瞬間から、尊氏は後醍醐の対抗勢力となる。

以後、後醍醐派と尊氏派に分かれて、各地で戦いがくりひろげられた。建武三年（一三三六）正月以降、尊氏は後醍醐の勢力に押され、一時九州に逃れるなど、苦境に追い込まれた。ところが、その後勢いを盛り返すと、同年五月二十五日に摂津国湊川《みなとがわ》の戦いで、後醍醐の有力武将・楠木正成を破り、一気に形勢は挽回した。

その約三週間後の六月十四日、尊氏は光厳上皇を奉じて再び入京した。十一月七日には、有名な「建武式目」十七ヵ条を制定し、施政方針を示している。こうして、室町幕府は開幕した。

この間、後醍醐そして三種神器の行方は、どうなったのであろうか。

光明践祚

少し時間を巻き戻して、後醍醐の状況を確認しよう。

建武三年（一三三六）正月、尊氏が京都に侵攻すると、後醍醐は延暦寺（滋賀県大津市）に逃れることとなった。その際に、三種神器が共に移動したことは、『阿蘇文書《ぐぶ》』に「勅定《ちよくじよう》により、内侍所を懐に奉り」とあることから明らかである。三種神器を供奉したのは、宇治惟時《うじこれとき》という武将であった。「重事」を承った惟時は、後醍醐に先駆けて、近江国坂本に赴いている。

洞院公賢《とういんきんかた》の日記『園太暦《えんたいりやく》』には、「天下が穢《けが》れている中で、賢所（内侍所）が移動するなど未だ例がない」と嘆いている。事実、京都では内裏が炎上するなど、荒廃の様子はさまざまな史料に描かれている。

そのような状況にもかかわらず、比叡山への行幸は慌しく行われている。しかし、後醍醐と三種神器は鳳輦《ほうれん》（天皇の乗物）まで連れてこられたが、担ぐ者がいないようなありさまであった。それでも何とか東坂本へ臨幸し、大宮の彼岸所（日吉神社）を行在所とした。緊迫した様子がうかがえる。

後醍醐の近江行幸は、これだけではない。同年五月二十七日にも再度行っている。このときも前回同様、「尊氏等西国の凶徒」が攻め上ってきたからであった。田所弁《たどころべん》海《かい》、毛利《もうり》貞親《さだちか》、忽那《くつな》氏一族らが供奉したが、当初移動で鳳輦を使用していた後醍醐は、吉田（京都市左京区）付近で腰輿《ようよ》に乗り換えている。重々しい鳳輦にくらべて、腰輿の方が実用的であったのであろう。なお、光厳上皇は病気と称して同行せず、尊氏によって六条殿へ移動させられている。

後醍醐は、行幸に際して、三種神器を忘れずに携行した（『皇年代略記』）。後醍醐は自身が権力を掌握した際は、「自立登極」などで絶対的権力を誇示しえたが、いったん敗勢に回ると、唯一の拠り所は三種神器であった。その点は、たしかに尊氏の弱点を突いていたと考えられる。

二月、後醍醐は延元《えんげん》と改元した。

同年（一三三六）八月十五日、尊氏の擁立する光明《こうみょう》天皇（光厳上皇の弟）の践祚が行われた。もちろん、三種神器は後醍醐が持ち出しているので存在しない。

『洞院家記』によると、剣璽使については「沙汰に及ばず」とあり、剣璽渡御は行われなかった。光明践祚の根拠は、寿永の後鳥羽や元弘の光厳の例にならい、「太上天皇詔」で処置している（『匡遠宿禰《ただとおすくね》記《き》』）。

年号も後醍醐が二月に改めた「延元」から「建武」に戻されると、光厳が院政を行い、東寺（京都市南区）を皇居とした。この剣璽なき前例による践祚は、武家つまり尊氏の要請によるものであった（『建武三年以来記』『太平記』）。天皇不在が朝廷の日常業務に支障をきたすことは、すでに述べてきたところであるが、尊氏にとっては政治的な意図があってのことである。

一つは、光明践祚により、自らの戦いを有利に進めるための政治的効果を狙ったものである。天皇を戴いて戦いを進めることは、周囲への影響が大きかったと考えられる。そうなると、何が何でも光明を践祚させなくてはならない。

もう一つは、後醍醐を事実上廃位し、元号を元に戻すことで後醍醐側に精神的なダメージを与える効果である。ただし、三種神器は後醍醐の側にあったので、どこまで精神的ダメージがあったかはわからない。

その後、後醍醐方の戦いは不利な展開を見せており、同年八月二十五・二十八日の決戦では敗北を喫している。この機会を捉えた尊氏は、坂本の後醍醐に和睦を申し入れた。その概要は、およそ次のようになろう。

（1）後醍醐に対して、尊氏が反逆する意思がないこと。

（2）目的は尊氏が新田義貞らを排し、後醍醐の周囲から讒臣《ざんしん》を排除する点にあること。

（3）後醍醐が京都に還幸すれば、罪を問わずもとのごとく復し、天下の成敗を公家に任せること。

この申し出に起請文《きしょうもん》を添えたために、後醍醐は安心したのであろう、近臣にも相談することなく、すぐさま応じることとなった。義貞と後醍醐を引き裂くという尊氏の目論みは、見事に成功したのである。この後、義貞は後醍醐の命令により、越前国へ赴くことになる。

室町幕府の開幕

京都の花山院《かざんいん》（京都市左京区）に入り、事実上の幽閉状態にあった後醍醐は、同年十一月二日に三種神器を東寺に置かれた御所に引き渡すことになった。このことは、『勘例雑々』等の史料に記されている。三種神器の警護には佐々木高氏《たかうじ》（導誉《どうよ》）らの武士があたり、納めるための別殿が新造された。

三種神器と引き換えに、後醍醐は太上天皇の尊号を与えられた。太上天皇とは、退位した天皇の尊称であり、六九七年に譲位した持統《じとう》天皇に対して用いたのに始まっている。

同時に、後醍醐の皇子である成良《なりよし》親王が、十一月十四日に皇太子に定められた（『神皇正統記《じんのうしょうとうき》』）。尊氏は後醍醐を徹底的に弾圧するのではなく、むしろ両統迭立《てつりつ》の原則にもとづき、円満に解決を図ったのである。

このように、円満解決を図った尊氏は、前述したように十一月七日に「建武式目」を制定し、室町幕府を開幕した。光明践祚にはじまる一連の後醍醐との和解策が功を奏し、尊氏の究極的な目的はここに達成されたのである。

改めて言うまでもないが、武家政権成立の基盤には、天皇――三種神器を備えた――が必要であり、尊氏もそのことをよく理解していたのである。尊氏がいくら武力を有するとはいえ、天皇という権威には及ばなかった。三種神器の重要性が、改めて認識されよう。

ところが、江戸中期に成立した史書『続史愚抄《ぞくしぐしょう》』の同年十一月二日条には、このとき後醍醐から引き渡された三種神器が「偽物」であると記されている。この事実は、後に大きくクローズ・アップされることになる。

後醍醐出奔

尊氏と和解後の後醍醐は、その後どうしたのであろうか。建武三年（一三三六）十二月二十一日、後醍醐は慌しく花山院をあとにすると、一路大和国の吉野（奈良県吉野市）をめざした。楠木氏一族らの護衛のもと、忘れることなく三種神器も携行していた。

三種神器は新勾当内侍《しんこうとうのないし》に持たせ、童が踏みならした垣根から、女房の姿で持ち出された。後醍醐は用意された馬に乗ると、夜のうちに大和路をめざしたという。慎重に持ち出された三種神器は、足の付いた行器《ほかい》に入れ、まるで物詣《ものもうで》する人の破籠《わりご》のように見せかけていた（『太平記』）。行器も破籠も弁当箱の一種であるから、もはや体裁にこだわる余裕もなかったのであろう。

吉野に到着した後醍醐の一行は、早速、吉野に御所を構えた。次に、後醍醐は重祚し、ふたたび天皇位についた（『皇年代略記』）。

かくて『大乗院日記目録』が「一天両帝南北京也」と記すように、日本には南北に分かれて、二人の天皇が存在することになった。いわゆる南北朝時代のはじまりである。

後醍醐の吉野潜幸の理由としては、『保暦間記《ほうりやくかんき》』に北畠顕信《あきのぶ》（顕家弟）が伊勢国で挙兵するに際して、内々に密奏するところがあったと伝えている。となると、いったんは政権復活をあきらめた後醍醐は、再起を期して吉野へ行幸したことになる。

それを示すかのように、後醍醐は願文を高野山（和歌山県高野町）に納め、天下静謐《せいひつ》を祈願している。署名は「天子尊治《たかはる》」であることから、政権奪取への強い意欲を読み取ることができよう。

この一報を聞いた幕府では、足利直義が後醍醐の行方を探索している（「保田文書」）。一方で、十四世紀末に成立した歴史物語『梅松論』によると、後醍醐の扱いに手を焼いていた尊氏は、むしろ吉事として喜んでいたと伝えている。

後醍醐が三種神器を持ち出したことは、『神皇正統記』が記すように、切り札になるため「誠に奇特の事」であった。それはいうまでもなく、三種神器が皇統を伝えるのに、重要な意味を持ったからである。

南朝の拠り所

三種神器の効果が皮肉にも発揮されたのは、後醍醐の死である。吉野へ来て三年目の延元四年（一三三九）八月十六日のことであった。後醍醐が最後まで政権に強い意欲を示したことは、『太平記』の「玉骨はたとい南山の苔に埋もるとも、魂魄《こんぱく》は常に北闕《ほっけつ》の天を望まんと思う」という言葉に示されている。

後醍醐が義良《のりよし》親王（後村上天皇）に譲位したのは、その前日のことである。南朝関係の史料は、そう多くは残っていない。践祚については、『神皇正統記』と『元弘日記裏書』にほんのわずか触れられるのみである。即位は、同年十月に執り行われた。その様子を示すのも、唯一『太平記』のみである。

『太平記』によると、伊勢神宮に奉幣使が遣わされ、「様々の大礼」が執り行われた。そのなかで、もっとも重要なのが「三種神器を伝えられ」た「御即位の儀式」であった。しかし、即位の儀式は「闕《か》けてはあるべからず」と認識されていたが、「洛外山中の皇居」であるために、周到な準備が整っていなかった。

したがって、後村上は「形《かた》のごとく三種神器を拝せられたる計《ばかり》にて、新帝位《くらい》に即《つか》せ給う」というごく簡単な形式で、天皇の座についたのである。これは何を意味しているのであろうか。

天皇位につくためには、これまで見てきたような、さまざまな複雑な手続きや儀式を必要とした。その根本は何かと問われれば、三種神器を擁していることにつきよう。それゆえに、後醍醐が三種神器を持ち出したことは、「誠に奇特」だったのである。

晴れて天皇となった後村上は、翌年四月二十八日に「延元」を改め、新元号「興《こう》国《こく》」を使用することとした。

この改元の様子についても、『五條文書』に「去二十八日、改元定め行われ、興国元年となす」とある他、『元弘日記裏書』『武家年代記』に触れられているに過ぎない。いずれにしても、即位を済ませて改元に及ぶという、必要な手続きをすべて行ったのである。

実のところ、改元に際しても複雑な手続きが踏まれるのが通常であったが、朝廷の業務を執り行う公家の大半は、北朝に仕えていた。南朝には、もはやそこまでの組織力がなかったことは、いうまでもない。

こうして、三種神器を伝えたことにより、後村上は無事即位を済ませ、新年号を制定することもできた。南朝が継続した大きな拠り所は三種神器にあったのである。では、南朝にとって、三種神器とはどのような意味を持ったのであろうか。

北畠親房の神器観

南朝が三種神器を重要視する理論的支柱は、いかなるものだったのか。それを知るには、後醍醐の側近中の側近である北畠親房の著『神皇正統記』を紐解く必要がある。

北畠親房（一二九三〜一三五四）は、父師重《もろしげ》の長男として誕生した。北畠家は、村上源氏中院家《なかのいんけ》から分かれた名門で、代々和漢の学をもって天皇に仕えた。正安《しょうあん》二年（一三〇〇）、親房は兵部権大輔に任じられると、以後、左少弁、参議、権中納言、権大納言などを歴任している。

親房は後醍醐の信任厚く、吉田定房、万里小路宣房らと「後三房」（平安後期の大江匡房《まさふさ》、藤原伊房《これふさ》、藤原為房《ためふさ》の「三房」に対して「後三房」という）と称せられている。特に、建武政権樹立以降は、後醍醐の側近として活躍し、東北・関東をはじめとする各地を転戦した。後醍醐没後は、南朝方の中枢として、勢力回復に尽力した人物である。

その親房が著したのが、有名な『神皇正統記』である。『神皇正統記』の初稿版は、親房が常陸国小田城（茨城県つくば市）にあって、足利軍と交戦中の延元四年（一三三九）に執筆されたとする。ちょうど後醍醐が亡くなった年である。

そして、興国四年（一三四三）には、常陸国関城（茨城市筑西市）で修訂がなされた。

驚くべきことに『神皇正統記』は、簡略な「皇代記」という記録だけを参考にして書かれている。合戦下という状況も相俟《あいま》って、到底信じがたい悪条件のもとで執筆されたのである。

『神皇正統記』はその奥書にあるとおり、ある「童蒙《どうもう》（幼くて道理のわからない者）」に示すために執筆された。従来、その「童蒙」とは、即位して間もない後村上のことを示すと考えられてきた。しかし、別の説では、東国の武士で、当初南朝方にあった結城《ゆうき》親朝《ちかとも》を指すとの説もある。修訂されたのは、広く読まれることを意識してのものと考えられている。

『神皇正統記』の内容は、天皇の修身・治世の参考に資することを目的としており、神代から後村上即位までを対象として、皇位継承論、南朝正統論、政体論、政道論、歴史論が展開されている。その根底にあるのは、度会《わたらい》神道を中心に、仏教・儒教を取り入れて形成された、親房独特の神道思想である。

そのなかでは、三種神器についても、多くの箇所で触れられている。親房の神器観とは、いかなるものだったのか。

親房によると、三種神器の鏡は「正直」、璽は「慈悲」、剣は「知恵（決断）」をそれぞれ象徴するものであり、政道に携わる天皇が兼ね備えなくてはならない徳目であった。その意味でも、三種神器は天皇にとって欠くべからざる存在だったのである。そのような観点からすると、三種神器を持たない天皇は、「正統」というわけにはいかない。先に光厳天皇が神器なきままに践祚したことに触れたが、親房はこれを「偽主」と断じている。三種神器の存在を重視する親房にとっては、当然の理屈だったのである。

親房の考え方に従うと、後村上は三種神器を擁していたので、「正統」の天皇になる。この「神器あるところ正統あり」という考え方には、いくつもの矛盾が存在する。言うまでもなく、現実の朝廷は京都にあり、その運営に携わる貴族のほとんどが京都にあった。後村上の即位が正式な儀式ではなく、「形のごとく三種神器を拝せられたる計にて、新帝位に即せ給う」という簡略化した形式で行われたのは、すでに見てきたとおりである。

こうした矛盾については、おそらく親房自身も気づいていたにちがいない。しかしながら、弱体化し今にも解体しそうな南朝を精神的に支えるのは、三種神器を擁した天皇であった。親房は自らがいただく天皇こそ「正統」である、という論理展開をすることにより、南朝を支えつづけようとした。つまり、三種神器を保持していることは、南朝の最後の拠り所だったのである。

正平の一統

では、後村上の即位後、南朝と北朝はどうなったのであろうか。つづきを確認することにしよう。

後醍醐が没する前後の南朝の形勢は、圧倒的に不利であった。すでに、延元三年（一三三八）五月、南朝軍の重鎮であった北畠顕家《あきいえ》は、和泉国石津（大阪府堺市）での高師《こうのもろ》直《なお》との戦いで戦死していた。同年閏七月には、新田義貞が越前国藤島（福井市）で斯《し》波《ば》高経《たかつね》と交戦し敗死している。

何より大きな痛手が、楠木正行《まさつら》の戦死であった。興国元年（一三四〇）、正行は摂津国・河内国の国司を称するとともに、紀伊・摂津・和泉の南朝勢力を糾合しており、最も頼りになる存在であった。しかし、正平《しょうへい》三年（一三四八）正月の河内国四条畷《しじょうなわて》（大阪府四条畷市）の戦いにおいて、正行は弟正時《まさとき》らと敗死したのである。

その後、勢いに乗った北朝軍は、吉野行宮《あんぐう》を攻撃したため、後村上はさらに南行し、賀名生《あのう》に逃れている。北朝軍の高師直は、西大寺（奈良市）の長老を介して和睦を申し入れたが、後村上はこれを拒否している。北朝軍では、ひきつづき賀名生（奈良県五條市）を攻撃しようとするが、南朝に味方する勢力の抵抗もあり、京都に引き上げた。

ところが、事態は急転直下、再度和睦の案が浮上することになる。和睦を提案したのは、尊氏の弟足利直義《ただよし》であった。なぜ、直義は和睦を申し出たのであろうか。

正平五年（一三五〇）十月、直義の部将上杉憲顕《のりあき》・能憲《よしのり》父子が、尊氏の部将高師直・師冬《もろふゆ》討伐の兵を関東であげた。直義は討伐を正当化するため、南朝に降参し官軍の旗印を掲げ、翌年二月に摂津国武庫川《むこがわ》（兵庫県西宮市）で師直・師泰《もろやす》討伐を果たした。直義は兄尊氏と対立したために、南朝との和睦を図ったのである。

以上の経緯があったものの、その後、尊氏と直義は和議を結び、改めて直義は禅僧の夢窓国師《むそうこくし》を通じて南朝側の楠木正儀《まさのり》と交渉を行った。その概要については、直義と北畠親房の往復書簡ともいうべき「吉野事書案」に記されている。

まず、親房の主張を見ておこう。

親房は、武家方が北朝年号である観応《かんのう》を改めず、諸国の守護・地頭を補任していることを指摘している。つまり、親房は直義の和睦案は偽りであり、真実の合体には程遠い謀略であると断じたのである。

このときの親房は、「大かた我君は、人皇正統として神器をうけ侍べること、誰が疑い申すべき」と述べている。ここでも、三種神器を持つ天皇の正統性が主張されている。

これに対する直義の答えは、次のようなものである。すなわち、公家の興廃、天下の安危は、武家の力量にかかっており、諸国の武士が公家の被官人や僕従となることを欲していないことを述べ、後村上の速やかな入洛を促しているのである。

直義は、「脱屣《だつし》の儀（後醍醐が帝位を去ったこと）有りて、三種神器を渡し申しし時」と述べているように、三種神器は北朝にあると述べている。しかし、これまで見てきたように、三種神器は南朝にある。

この矛盾は、どこから生じているのであろうか。

まず交渉の結果であるが、親房がいう武家政権の返上と、直義のいう公家政権が時代遅れであるとの見解は相反しており、決裂することになった。その後、尊氏・直義兄弟の間は、ふたたび不和となっている。正平六年（一三五一）七月、政務を辞退した直義は、尊氏から暗殺されそうになったため、やがて東国へ赴く。

驚くことに同年十月、今度は尊氏が南朝に和議を申し入れ、後村上から直義討伐を命じられた（直義は翌年二月毒殺された）。このときの和議の条件は、次のようなものであった。

(1) 光厳、光明の二上皇、崇光《すこう》天皇、皇太弟直仁《なおひと》親王を河内国東条に移すこと。
(2) 元弘三年の公家一統のごとく、後村上による親政を実現すること。

この案は受け入れられ、崇光天皇と皇太弟直仁親王は廃される。この風聞を耳にした光厳は、「御驚動」とあるように、周章狼狽を隠せなかった(『園太暦』)。年号も南朝の「正平」が使用され、関白・二条良基《よしもと》も更迭された。この一連の動きは、「正平の一統」と呼ばれている。

北朝の悩みの種

ここで問題となるのが三種神器の扱いである。
すでに触れたとおり、北朝・南朝ともに三種神器を保持していると主張している。この点を中心に、述べることとしよう。この間の事情を詳しく記しているのが、洞院公賢《きんかた》の日記『園太暦』である。北朝の重鎮である公賢は、先例・故実に詳しく、南朝側からも厚い信頼を得ていた。

公賢は、正平六年(一三五一)再び左大臣に任じられると、京都の公事を沙汰することになった。南朝方の勅使は、頭中将《とうのちゆうじよう》・中院具忠《なかのいんともただ》である。南朝の要求は、さまざまなものがあげられており、これに対して公賢が奉答している。

そのなかで最も重要なのは、『園太暦』同年十二月九日条によれば、早速三種神器が話題にのぼり、北朝の持つ三種神器が虚器つまり偽物とされていることである。

北朝の三種神器が虚器であるか否かは、軽々しく言うこともできない。そこで結局、公賢は北朝の三種神器を携え、南朝の指示通りに出京する旨を回答している。その九日後の十八日には、(北朝の)三種神器はもちろんのこと、なぜか壺切《つぼきり》の剣と昼御座《ひのおまし》の剣までもが差し出されることになった。

壺切の剣とは、立太子のときに天皇から授けられるもので、皇位継承者の証とされたものである。なぜ、(北朝の)三種神器に加えて壺切の剣が接収されたかは不明であるが、光厳はこれを了承しているのである。

同じ月の二十二日、ついに(北朝の)三種神器が接収される日が来た。しかし、『園太暦』によると、公賢は「この条誠に不審」と感じており、疑念を抱いている。(北朝の)三種神器について、勅使の具忠が述べていることは、おおむね次のとおりである。

三種神器の本物は、すべて南方の御所にあります。京都にあるものは、虚器であることは言うまでもなく明白です。ですから、（北朝の）先皇は、三種神器に擬したもので即位され、宝とされていたのです。この過ちを改めないわけには参りませんので、（北朝の）三種神器をお渡しいただくよう申しあげているのです。

この言葉は具忠が一方的に述べているだけであって、正しいか誤りであるかは判然としない。北朝の三種神器の真偽にかかわらず、内侍所《ないしどころ》の辛櫃《からびつ》を改めることは、できないことであった。

十二月二十八日に（北朝の）三種神器が賀名生《あのう》に戻ると、南朝では内侍所神楽《かぐら》を興行し、神慮を慰めている。北朝の三種神器が虚器であるならば、なぜそこまでしなければならなかったのであろうか。

北朝にあった三種神器を痛烈に皮肉ったのが『太平記』である。

後醍醐が北朝へ渡したのは、偽の三種神器であったので、璽の箱は捨てられ、宝剣と鏡は雲客（殿上人）に下され、それぞれ衛府の太刀、装束の鏡となった。本物の三種神器ではなかったが、三度の大嘗会《だいじょうえ》が行われ、御神拝や御神楽も行われたので、神霊がないとはいえないだろう。

しかし、実際は北朝の三種神器が虚器であったか否かは、判然としない。あえて推測するならば、接収した北朝の三種神器をあれだけ丁重に祀《まつ》ったのであるから、本物であった可能性が考えられなくもない。

むしろ、南朝がどさくさに紛れて壺切の剣までも取り上げた意義が大きい。仮に北朝の三種神器が偽物であったにしても、「本物の」壺切の剣を入手できたのである。いずれにしても、以降の北朝では、三種神器が悩みの種になる。

北朝正統の論理

正平の一統後、南朝と北朝の決裂は驚くほど早く訪れた。

正平七年（一三五二）閏二月、後醍醐の皇子宗良《むねよし》親王を総督とする南朝軍は、上野《こうずけ》の新田（脇屋）義治《よしはる》らと挙兵し、鎌倉を攻撃している。敗れた尊氏は武蔵狩野川へ逃れ、代わりに南朝軍が鎌倉へ入った。三月に入ると、尊氏らは再び北朝の「観応《かんのう》」年号を使用し、ここに南朝・北朝間の和睦は決定的に決裂したのである。

この間、南朝・北朝間で激しい戦いがくりひろげられたが、北朝では別の問題が生じていた。実は、三上皇と直仁親王が河内国東条（大阪府河内長野市）からさらに賀名生に移されていたため、尊氏には戴くべき天皇が存在しなかったのである。当時、京都には尊氏の子足利義詮《よしあきら》がいたが、対応に苦慮して離れ業をやってのけた。

義詮は光厳の第二皇子である弥仁《いやひと》王（後光厳天皇）を践祚させようと考え、広義門院（後伏見女御）にその説得を要請したのである。この事態が先例や特例を超越したウルトラCであることは、誰の目にも明らかであった。

広義門院は、いったん義詮の要請を断ったものの、重ねての依頼によって応じるところとなり、まずは関白に二条良基を任じている。しかし、践祚を行うにあたっては、クリアしなければならない課題を数多く抱えていた。

その一つは、言うまでもなく剣璽渡御の問題である。先例に従えば、剣璽がない場合は、「太上天皇の詔」に拠ることが可能であるが、三人の上皇はいずれも賀名生に拉致されたままであった。そこで、廷臣らは議論を重ねた末に、次のようなアイデアを思いついたのである。

（1）廷臣らに請われて擁立された、継体天皇の践祚を例とすること。
（2）宣命《せんみよう》・剣璽についいては、必要としないこと。

この間、公賢を交えた廷臣らは、多くの先例を探し出して激論を行ったが、結局このような強引ともいえる手法を取らざるをえなかった。践祚は、同年八月十七日に執り行われた。後光厳践祚の異常性を如実に物語っているのが、小槻晴富《おづきはれとみ》の著作『続神皇正統記』の次の一節である。

践祚の日に三種の霊宝の渡御がないことは、継体天皇の例を尋ねている。当日の儀は、後鳥羽・後嵯峨の例によって剣璽がなかったので、太上天皇の詔で儀を行い、光厳・光明もその例を守っている。しかし、この度は上皇が都に不在なので、宣命を作ることもなかった。

同じく『皇年代私記』には、「今度、節会《せちえ》を行われず、宣命に及ばず、剣璽を渡されず、毎事新儀」と記されている。新儀とは、「新しい儀法」という意味であるが、決してよい意味を含んでいるわけではない。

したがって、後光厳践祚は、異例尽くめのなかで強行されたのである。

このような強引な手法は、やがて北朝内部において、「三種神器不要論」というべきものに発展する。実は、応安《おうあん》四年（一三七一）に践祚した後円融《ごえんゆう》天皇も三種神器がなかったが、二条良基は『永和大嘗会記』のなかで、次のように述べている。

そもそも三種神器は、まだ吉野の山中を出ていないと世の人は思っているであろう。しかし、私の考えでは、ことごとく北朝に存在すると思っているのだ。

その根拠とは、次のように要約できるであろう。

（1）三種神器が天下のどこかにあれば、朝廷にあるのと同じである。
（2）神鏡と宝剣は「御代器」「分身」であり、もともと伊勢神宮と熱田神宮にあるのが本来の姿であるので、宮中にあるのと変わらない。

この見解に加えて、政治さえ正しく行っていれば、三種神器などあってもなくても構わない、という見解が一つの論調を形成しているのである。逆に、政治が乱れていれば、三種神器が宮中にあっても意味がないという。

こうした考えによって、後円融践祚を正統化しているのであり、北朝正統の論理を貫徹しているのである（新田一郎「継承の論理――南朝と北朝」）。ここまで来ると、理屈をこねれば、何とでも解釈できるような印象さえ持たざるをえない。かつて彼らが固執し続けた正式な儀式の執行や先例へのこだわりは、一体どこへ行ってしまったのであろうか。

南北朝合体への道

南朝と北朝は互いに激しく争い、またときには和平調停が持ち上がることがあった。しかしながら、ようやく南北朝合体が見られたのは、明徳《めいとく》三年（一三九二）閏十月のことである。その立役者は、第三代将軍足利義満であった。

義満が提示した南北朝合体の条件は、次の三つだった。

（1）三種神器を南朝の後亀山天皇から、北朝の後小松天皇に「譲国の儀」によって譲渡すること。
（2）皇位継承は、南北朝の交代で行うこと。
（3）南朝廷臣の経済援助のため、諸国国衙《こくが》領を与えること。

このなかで、（1）については、北朝にとっても手痛いところである。これまで、手を尽くして北朝正統の論調を取っていたが、（1）が認められると、南朝が正統であったことを認めざるをえなくなる。

南朝にとっては、好条件であったが、義満の真意を計りかねるところもあり、決定しがたい側面があったと推測される。何と言っても、三種神器は最後の「切り札」的な要素があったからである。

結局、後亀山が選択したのは、合体への道であった。同年十月二十八日、賀名生を発った後亀山は、閏十月五日に内裏へ渡御した。『南山御出次第』によると、三種神器を収めた輿《こし》を駕輿丁《かよちょう》が担ぎ、先頭に立って行列をなしたという。

同日、三種神器は、後小松のいる土御門《つちみかど》東洞院の内裏に渡御した（『御神楽雑記』）。『綾小路宰相入道記』によると、「宝剣は元暦のときに海底に沈んでしまったので、三種神器は、神鏡・神璽・昼御座御剣である」と記されており、わざわざ宝剣の経緯について触れている。三種神器が内侍所に安置されると、三箇夜神楽が行われた。これをもって、南北朝合一は、無事に完了したのである。

ところが、問題はそれだけでは終わらない。幕府と朝廷は、後亀山に太上天皇の尊号宣下を行う問題で、頭を悩ましたのである。後亀山に太上天皇の尊号宣下を与えると、南朝が正式な朝廷であったことを認めざるをえなくなる。

しかし、後亀山に太上天皇の尊号宣下を与えることは、「譲国の儀」によるという、南北朝合体の絶対条件でもある。幕府と朝廷は、南北朝合体を実現するために、この条件を絶対に守らなければならなかった。

そこで、考え出されたのが、またもや特例であった。

要するに、後亀山を即位しなかった天皇とし、特例として尊号を与えるというものである。この例が特別な措置であったことは、十五世紀の公家である万里小路時房《ときふさ》の日記『建内記《けんないき》』にも、「帝位にあらざる人の尊号の例」として、後世にも認識されることになる。

後亀山を即位しなかった天皇と位置づけることは、南朝方にとって大きな屈辱であったにちがいない。

後亀山が強い不満を感じていたことは、容易に想像することができる。こうした不満と、室町幕府による対南朝政策とが相俟って、やがて南朝復興の気運が高まることになる。この点については、第四章で述べることとしたい。

第三章 嘉吉の乱と赤松氏の滅亡

南朝復興運動

南北朝合一以後、旧南朝はいかなる道のりをたどったのであろうか。

先述のとおり、尊号問題でやや不満を感じていたであろうが、その後も後亀山は室町幕府に友好的な態度を取りつづけた。

その理由は、南北朝合一のときに交わされた、皇位継承は旧北朝・旧南朝が交互に行うという約束があったからであろう。大覚寺統を存続するという点に、後亀山は一縷《いちる》の望みをかけたのである。

事実、明徳《めいとく》三年（一三九二）段階において、後小松天皇は皇太子を定めておらず、チャンスは残されていた。ところが、応永《おうえい》十五年（一四〇八）に義満が没し、その子息義持《よしもち》が将軍に就任すると、皇位継承政策ががらりと一変する。

幕府ではこれを契機として、後小松の第一皇子躬仁《みひと》（称光《しょうこう》天皇）を即位させることを検討したのである。この検討事項が、南朝と北朝が交互に皇位に就くという、南北朝合一の条件に反することはいうまでもない。

これに抗議するかのごとく、応永十七年（一四一〇）十一月、後亀山は住んでいた京都嵯峨（京都市右京区）を出奔し、吉野へ籠もるという行動に出た。すると後亀山に呼応するかのように、畿内各地の旧南朝勢力がにわかに活動を活発化している。

後亀山は、その六年後に京都嵯峨に戻っているが、皇位継承の事情は決して好転していない。応永三十一年（一四二四）四月十二日夜、雷鳴の轟くなかで、後亀山はその生涯を閉じた。だが、これは旧南朝の終焉ではなく、その後継である後南朝による皇位回復運動のはじまりでもあったのである。

義持の将軍襲職以後、対旧南朝政策が変化を遂げたのは事実である。その方法は、南朝皇胤《こういん》に出家を勧めるというもので、後村上の孫・成仁《なりひと》も出家している。この他にも、皇籍から臣籍に身分を移すという方法も取られた。一言で言えば、南朝の子孫を根絶やしにする方針である。

このような状況にあっても、旧南朝は粘り強い姿勢を見せている。応永三十二年（一四二五）、後小松の後継者として天皇となった称光は、病苦に喘《あえ》いでいた。この機会を捉えて、旧南朝側では皇位を所望する旨を申し入れたのである。

しかし、南朝の願いも空しく、内々で貞成《さだふさ》親王の子・彦仁王《ひこひとおう》を後小松の養子とし、践祚させることが決定していた。後の後花園《ごはなぞの》天皇である。後花園の皇位継承によって、以後、旧南朝側から天皇が選ばれるという芽は、完全に摘まれたといってもよい。

さらに旧南朝に打撃を与えたのが、義持の次の次に将軍となった足利義教《よしのり》の存在である。個性の強い新将軍の対旧南朝政策とは、貞成親王の日記『看聞日記《かんもん》』永享《えいきょう》六年八月二十日条に見える「南方一流は断絶さるべし」という言葉に集約されている。

この言葉の意味するところは、南朝を根絶やしにするということである。『看聞日記』の同じ条からは、旧南朝の聖護院《しょうごいん》流の二王子を喝食《かつしき》とし、宮家を断絶させようとしたことが知られる。喝食とは、禅家で食事を知らせる役僧である。

こうした幕府の強硬路線によって、旧南朝勢力は奥吉野に結集するようになり、やがてその勢力は「後南朝」と称せられるようになった。すでに、南北朝合一以後においても、応永二十一年（一四一四）、同三十年（一四二三）および正長《しょうちょう》元年（一四二八）に伊勢国司北畠満雅《みつまさ》が幕府に反乱を起こしており、後南朝勢力は満雅の存在と相俟って、幕府を脅かす存在となっている。

その南朝復興運動というべきものは、後の禁闕《きんけつ》の変、長禄《ちょうろく》の変に繋がってゆく。その辺りの詳細は、第四章・第五章に譲ることとし、次項以降でその前提となる嘉吉《かきつ》の乱について述べることとしたい。

籤引きという儀式

本章で述べる嘉吉の乱は、その後の禁闕の変、長禄の変にも影響を与えた大事件であった。そのきっかけとなった室町幕府第六代将軍・足利義教について、少し触れることにしよう。

四代将軍義持は、父義満が後継者を決定せずに亡くなったため、幕府の重臣・斯波《しば》義将《よしまさ》の判断によって家督継承が決定したという経緯があった。応永三十年（一四二三）、義持は将軍職を子の義量《よしかず》に譲ったが、酒宴を好んだ義量は健康を害し、わずか二年後にこの世を去っている。

しかも折り悪しく応永三十五年（一四二八）正月、義持は風呂場で尻の疵《きず》を掻き破ったことが原因で病に伏し、重篤の状態に陥った。

ここで大問題となったのは、義持が後継の将軍を指名しないということであった。幕府の重臣たちは、こぞって後継者指名を懇願したが、ついに決めることなく、義持はこの世を去った。

義持が将軍の後継者を決定しなかった理由には、大きく次の二つをあげることができる。

（1）候補者である義持の弟らは、将軍の器でないということ。
（2）たとえ後継者を決定しても、重臣らが支えなければ、意味がないこと。

この頃には、将軍に限らず守護でさえも、重臣からの支持が得られなければ、就任が難しい状況になっていた。逆にいえば、重臣らの掌中に決定権の一部があったともいえる。義持の将軍後継者問題は、その典型例と言えるのである。

結局、重臣らは自らが新将軍の候補者を選ぶことなく、醍醐寺三宝院《だいごじさんぽういん》の僧侶・満済《まんさい》の助言に従い、籤《くじ》により後継者を決定することにした。

現代人の感覚で、籤で選ぶと聞けば、大変いい加減な印象を受ける。ただ、当時にあっては、裁判であっても「神慮に委ねる」ことがあり、籤もその一種であった。むしろ、崇高な儀式だったのである。

新将軍の候補者は、後の義教こと青蓮院義円《しょうれんいんぎえん》をはじめとする義満の子息四名であった。当時、義円は出家しており、青蓮院に入室していたのである。籤引きは京都の石清水《いわしみず》八幡宮（京都府八幡市）で厳重に執り行われ、その結果選ばれたのが、青蓮院義円（義教）であった。義教が将軍になったことは、その後の政治動向にも大きな影響をもたらすことになった。

「万人恐怖」

後南朝とともに、幕府が対処に悩まされたのが、東国統治機関として置いた鎌倉府である。幕府と鎌倉府とは、すでに対立する関係にあった。永享《えいきょう》年間（一四三〇年代）に至って、ついに鎌倉府の長である鎌倉公方《くぼう》の足利持氏《もちうじ》が将軍の偏諱《へんき》を受けないという、反抗的な態度を示したのである。偏諱とは、義教の一字「教」を名前として与えられることを意味する。

この報に接した義教は激怒し、ただちに今川・武田・小笠原の各氏に持氏の討伐を命じた。世に言う永享の乱である。結局、持氏は降参し、永享十年（一四三八）に武蔵国金沢称名寺《しょうみょうじ》（神奈川県横浜市）で出家した。しかし、義教はこれを許さず、関東管《かん》領《れい》上杉憲実《のりざね》に命じて、翌十一年、持氏を自害させたのである。

以前から義教の恐怖政治は、武家・公家を問わず、大変恐れられていた。公家の例で言えば、足利家と深いつながりを有していた日野氏でさえも、その所領を取り上げられそうになっている。些細な不手際から流罪や死罪を命じられたものは、身分の貴賤を問わず、二百名を超えたといわれている。

武家の処分された例も豊富である。永享十二年（一四四〇）の大和国の越智《おち》氏討伐では、一色義貫《いっしきよしつら》と土岐《とき》持頼《もちより》が謀殺された。なかでも一色義貫は、三河など三ヵ国の守護職を兼ね、山城国守護・侍所頭人《さむらいどころとうにん》を務めるなど、幕府の重鎮でもあった。義教は一色氏らを討った後、その守護職を近習である武田信栄《のぶひで》らに与えている。

義教は、義持が重臣らの意見を尊重したのに対し、専制的な志向を強めていった。評定衆・引付《ひきつけ》頭人を設置することにより、管領の地位権限を抑制していることは、その一例である。さらに、訴訟受理の権限を将軍が独占し、御前沙汰《ごぜんざた》と呼ばれるように、政務決裁を掌握した。

このように義教は、専制的な性格を持つ政権をめざした。その一種「独裁」とも言える義教の政治は、まさに恐怖政治と呼ぶに相応《ふさわ》しいものだった。同時代に生きた『看聞日記』の記主である伏見宮貞成親王は、これを「万人恐怖」と呼んで恐れている。このように人びとを圧迫し追い詰める手法は、後の嘉吉の乱の導火線になったのである。

応永三十四年の赤松満祐下国事件

嘉吉の乱の前史として、もう一つ触れなくてはならないのが、応永三十四年（一四二七）の赤松満祐《あかまつみつすけ》下国事件である。その事件の概要について、触れておこう。

赤松氏は中興の祖円心《えんしん》（則村《のりむら》）以来、播磨《はりま》国守護職を務めた。義則《よしのり》の代に至って、さらに備前《びぜん》・美作《みまさか》の守護職をも兼帯する勢力になった。加えて、山名・一色・京極の各氏らとともに、室町幕府で侍所所司《しょし》を務め、山城国守護も兼ねている。赤松氏は、室町時代を代表する守護の一人なのである。

しかし、一般的に守護をめぐる環境は、必ずしも良いものばかりではなかった。当時、幕府は守護を抑圧する政策として、守護家の家督継承について、たびたび介入していたことが知られている。赤松氏についても、同様に一族の近習が将軍に重用

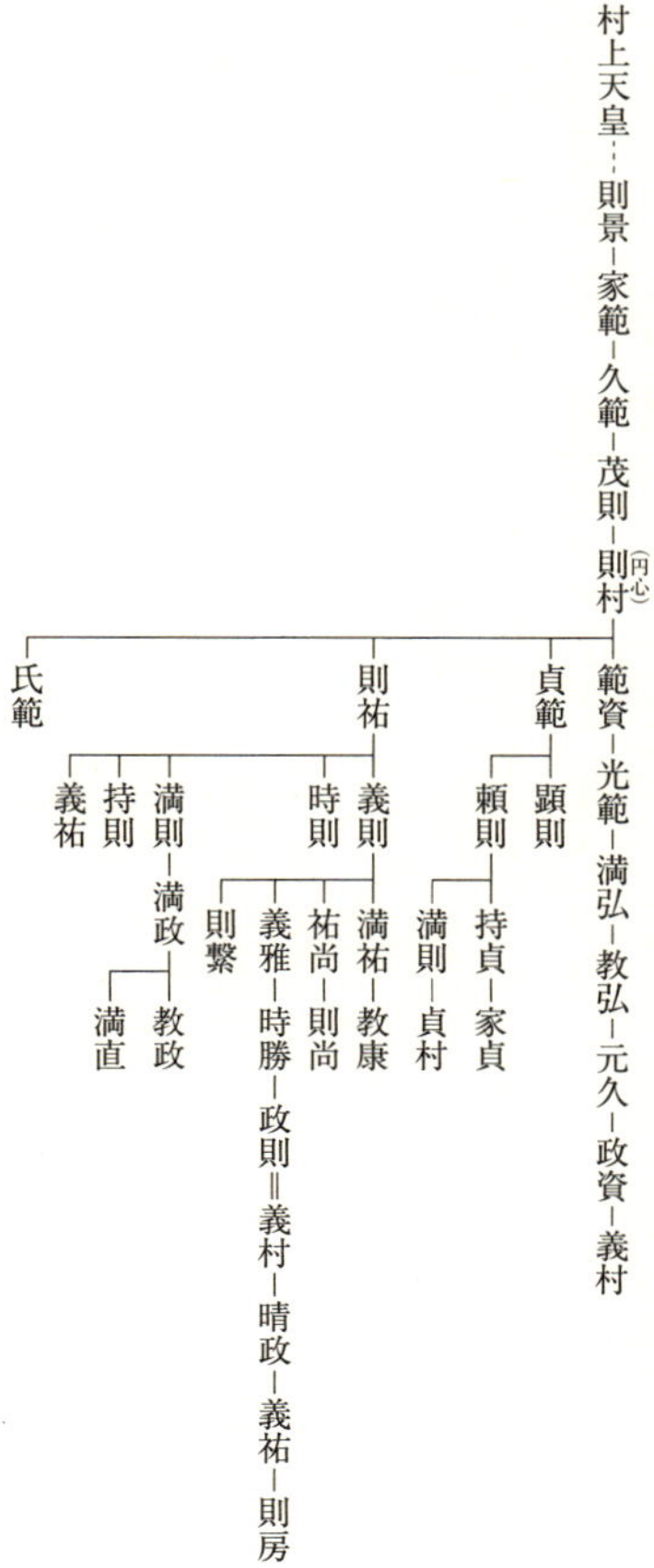

赤松氏系図

され、惣領家を脅かす存在になっていた。

そのなかで、もっとも重きを置かれたのが、赤松氏の庶流のひとつ赤松春日部《かすかべ》家なのである。

赤松春日部家は、かつて美作国守護を務めた貞範《さだのり》をその祖とする。その家格の高さのゆえか、幕府にも重用された。例えば、赤松春日部家の持貞《もちさだ》は、将軍義持に仕えており、偏諱の「持」字を与えられている。

同じく、貞村《さだむら》は義教から寵愛を受け、男色の関係にあったと言われている（『嘉吉記』）。その噂の真偽は措くとしても、貞村の女が義教の側室であったことは、将軍との強い関係を示しており、きわめて重要なことであった。

もちろん有力なのは、赤松春日部家だけではない。同じ一族の有馬氏は、摂津国有馬郡の分郡《ぶんぐん》守護を務め、惣領家と遜色ない存在であった。また、赤松大河内《おおこうち》家の満政《みつまさ》は幕政の一角を担っており、室町邸での連歌会では、御文台役《ごぶんだいやく》すなわち書記役を務めることがあった。

彼ら有力諸氏は、やがて御供衆・奉公衆などの幕府に直結した家臣に編成され、守護と同格の扱いを受ける。赤松春日部家らが「守護と同格の扱いを受ける」ということは、赤松惣領家と対立する関係になり得ることを示していた。

このように守護赤松氏を取り巻く環境のなかで勃発したのが、応永三十四年（一四二七）の赤松満祐下国事件なのである。

事件の発端は、同年九月に満祐の父義則が没したことに始まる。通常、父が亡くなれば、その子が守護職を継承するはずであるが、そのような既定路線には暗雲が漂っていた。

案の定、将軍義持が下した決断は、意外なものであった。

義持は等持院長老を介し、南禅寺長老を使者として、義則の葬儀が営まれている龍徳寺の満祐のもとに遣わせた。その用件とは、播磨国を将軍の御料国つまり直轄地とし、一族の赤松持貞をその代官にするというものであった。満祐の狼狽《ろうばい》振りが想像される。

ところで、赤松満祐とは、いかなる人物であったのか。

満祐については、あまり芳《かんば》しい人物像が伝わっていない。例えば、満祐の身長があまりに低かったため、世の人から「三尺入道」と嘲笑されていたという逸話が残っている。さらに、満祐の振る舞いがあまりに傍若無人であったために、衆人から嫌悪されたとの説さえある。

しかしながら、このような説は、将軍義教を討ったために、その悪い一面が強調されたと推測される。例えば、満祐は将軍邸において、和歌や連歌の会に出席しており、その歌は『新続古今和歌集』に入撰しているほどの教養人だった。

反逆者には、後世悪い評価が加えられ、流布することがたびたび見られる。満祐には、教養豊かな一面があったことを指摘しておきたい。

さて、満祐は義持の命令に従うことなく、同年十月に西洞院（京都市中京区）の自邸に火をかけると、家内財宝を運び出し、播磨国に下国した。自邸に火をかけて下国するという行為は、いったい何を意味するのか。

当時、守護には在京原則があり、関東・九州等の地域を除いて従う必要があったので、満祐が無断で帰国したことは、室町幕府への反逆行為とみなされた。そして、自邸に火をかけたのは、「二度と戻らない」という意思表示でもあった。

三宝院満済のように、満祐の決断を「短慮」であり、残りの二ヵ国（備前・美作）で奉公すべきであったと言う者もいたが、すでに時は遅かった。義持は備前国を赤松美作守に、そして美作国を赤松貞村に与えることを決定すると、満祐の討伐を山名・一色の両氏に命じたのである。

意外な結末

幕府が満祐の討伐を決定すると、備前国守護代・小寺氏などは、早々と降参の意思を示している。そのこともあったのか、並々ならぬ決意で下国した満祐であったが、ここに来て弱気な姿勢を見せることになる。

慌てた満祐は、ときの管領畠山満家《みついえ》に書状を届け、三ヵ国のうち播磨国だけを残してほしいと懇願し、赦免を請うている。しかし、このような申し出が、幕府に受け入れられるはずもなかった。

満祐退治の準備は、着々と進んでいた。但馬《たじま》国守護山名時熙《ときひろ》は、京都から急ぎ但馬に戻ると、朝来《あさご》郡から播磨へ攻め込む手筈を整えた。一色氏も同様である。一方で幕府は、陸上・海上から赤松氏を攻撃する予定であったが、四国の細川氏の準備が整わず、攻撃は遅延することとなった。

このように、幕府がもたついている間に、事件は意外な方向に展開した。

応永三十四年（一四二七）十一月、一人の遁世者《とんせいしゃ》が義持に訴状を持って現れた。その訴状には、持貞の行状について三ヵ条の事書があり、いずれも女性関係にまつわるものであった。そのなかで、義持の逆鱗《げきりん》に触れたのは、持貞が義持の側室と通じていたということである。

義持はただちに側室を呼び、事実関係を糺《ただ》すと、訴状のとおりであることが判明した。激怒した義持は、すぐさま持貞に切腹を命じている。狼狽した持貞は、家臣を満済へ遣わし、義持への取り成しを依頼している。これを受けた満済は、死罪ではなく高野山への追放を義持に進言したが、聞き届けられることがなかった。

義持の許しを得られなかった持貞は、ついに家臣とともに切腹して果てた。あまりに出来すぎた話であるが、この密告については、おそらく持貞を快く思わない幕府の関係者、または赤松氏惣領家に近い者の差し金であろうと推測される。

この間、満祐は播磨国内の荘園に兵粮米を課すなど、合戦の準備を進めていた。しかし、問題解決が図られたため、満祐は軽率な行動を詫び、義持に起請文を差し出して謝罪を行っている。その甲斐あってか、満祐はその罪を許され、正長元年（一四二八）十月には侍所所司に任じられた。

この事件の背景には、いくつかの要因を考えることができる。

一つ目は、守護職が親から子へ間違いなく伝えられるとは限らず、一族・庶子（あるいは嫡子以外の弟）の有力者に伝えられる可能性があったことである。赤松氏のように、複数国の守護職を兼帯する者は、幕府にとって脅威となる存在であった。勢力削減を図るうえで、幕府はあえて家督継承に口入《くにゅう》する必要があったのである。

二つ目は、一つ目と関連するが、赤松氏内部における一族統制の問題である。例えば、山名氏の場合も複数国の守護を兼帯していたが、応永三十四年段階で但馬は山名持豊《もちとよ》、因幡《いなば》は同煕貴《ひろたか》、伯耆《ほうき》は同教之《のりゆき》と一族間で分け合っており、一族内での表立った対立は見られない。この点は、細川氏も同様である。

しかし、赤松氏の場合は、基本的に惣領家が三ヵ国守護職を独占しており、一族間での連携が困難であった。それゆえ、有力な赤松氏の一族・庶子は将軍の直臣となり、かえって惣領家を脅かす皮肉な結果を生み出すことなった。

以上二つのことが、応永三十四年の赤松満祐下国事件勃発の要因の一つになったと推測される。

義教の近習優遇策

嘉吉の乱が勃発する前、満祐と将軍義教との関係は、いかなるものだったのであろうか。満祐と義持が一触即発の状況にあり、赤松満祐下国事件が起こったことはすでに述べた。後に和解を結び、幕政にも復帰している。

しかし、新将軍に選ばれた足利義教は、義持以上に難しい人間である。

当初、義教は満祐と円満な関係にあったことがうかがえる。例えば、正長二年（一四二九）には、長らく中断されていた「松ばやし」が満祐によって再興された。「松ばやし」とは、播磨国に伝わる風流踊りで、一種の郷土芸能のようなものである。満祐の弟則繁《のりしげ》は、綾羅錦繍《りょうらきんしゅう》の衣装を身に付け、「松ばやし」の指揮を取っている。「松ばやし」は、かつて足利義満が幼少の折り、赤松則祐に白旗城《しらはた》（兵庫県上郡町）で匿《かくま》われた際、その寂しさを紛らわすために演じられたという由来を持つ。将軍家と赤松氏にとって、由緒あるものであった。

永享二年（一四三〇）正月、満祐は義教の右大臣拝賀式に際して、三十騎を率いて前陣を務めている。その翌年には、自邸に義教を招き、連歌会を催した。義教は赤松邸新築を祝い、自ら発句《ほっく》を詠んでいるのである。その後、赤松邸での連歌会は恒例となり、たびたび義教を招いて開催された。したがって、少なくとも当初は、義教と満祐との関係が友好的であったと考えることができよう。

しかし、そうした関係は、決して長くつづかなかった。永享九年（一四三七）頃になると、義教と満祐との不仲が囁かれはじめ、満祐から播磨・美作が取り上げられるとの風聞が流れた（『看聞日記』）。そのあたりの詳細は、あまりわかっていない。西園寺公名《きんな》もその日記のなかで、満祐の身を案じている（『公名公記』）。

すでに永享の乱において、永享十一年（一四三九）、鎌倉公方・足利持氏が自害に追い込まれている。その翌年の大和・越智氏の討伐では、一色義貫と土岐持頼が謀殺された。次々と有力者が討たれるなかで、満祐自身も精神的に追い込まれたことであろう。

そのような状況下で、赤松氏に関わる一つの事件が起こる。永享十二年（一四四〇）三月、突如として義教は、満祐の弟義雅《よしまさ》の所領を没収し、その所領を満祐と一族の赤松貞村そして細川持賢《もちかた》に与えることにしたのである。

ただし、このなかの摂津国昆陽野荘《こやのしょう》（兵庫県伊丹市）は、父義則が明徳の乱（明徳二年〈一三九一〉に山名氏清・満幸が幕府に起こした反乱）の勲功として与えられた土地であるため、満祐は惣領家に留めて欲しいと懇願した。当時の武士の所領は「一所懸命の地」といわれており、簡単に引き下がるわけにはいかない。ところが、この要望は、ついに聞き入れられることがなかった。

これより以前、永享五年（一四三三）閏七月、比叡山の衆徒が強訴《ごうそ》を行ったが、その理由のなかに赤松満政を原因とするものがあった。内容は、満政が賄賂を受け取り、山僧に便宜を与えたということである。比叡山の要求は、満政の遠島という厳しいものであった。

結果、満政の処分は、後に惣領家預けという軽微なものに止まった。満政の処罰が軽減された背景には、幕府の強い意向があったといわれている。この理由の一つとしては、永享八年（一四三六）に満政の宿所が、将軍の御産所として利用されるなど、日常的に重用されていたからであると推測される。つまり、義教による近習優遇策である。

先に、一色義貫と土岐持頼の謀殺について触れたが、その後に守護職を継承したのは、武田信栄、細川持常《もちつね》、一色教親《のりちか》といった、義教の近習たちであった。例えば、若狭国守護を与えられた武田信栄は、義教の寵愛を一身に受けており、その死に際しては義教が医者や祈禱の僧侶を下したほどである。

このような近習優遇策がとられている状況で、満祐が強い危機感を抱いたことは、容易に想像できる。満政の他にも、赤松春日部家の貞村は、義教と男色の噂が立つほどの関係を結んでいたことは先にも触れた。

将軍義教による満祐の排除と赤松氏庶流の台頭は、嘉吉の乱の大きな原因の一つであったと言えよう。その影響もあって、満祐は「狂乱」になったといわれている。そこまで、満祐は精神的に追い込まれていたのである。

たしかに、近習優遇策は惣領家であっても安泰ではなく、義教の考え一つによっては、守護ですら交代の憂き目に遭うことを示している。有力な庶子は、守護のライバルだったわけでもある。

赤松氏の場合で言えば、同族の貞村は日頃から播磨国守護職を望んでいたという（『建内記』）。とにかく、義教による近習優遇策は、ひとり赤松氏に限らず、他の守護にとっても脅威だったはずである。

こうした、赤松氏惣領家への圧迫が大きな要因となり、嘉吉の乱は起こるべくして起こったといってもよい。

義教暗殺

嘉吉元年（一四四一）六月二十四日、満祐の子赤松教康《のりやす》は西洞院の自邸に義教を招き、宴を催した。満祐は「狂乱」であったため、姿を見せなかった。宴では、赤松氏が贔《ひい》屓《き》にしていた観世流の能楽師により猿楽が演じられるなど、場は大いに盛り上がった。

この賑やかな雰囲気のなかで、事件は突如として勃発したのである。宴たけなわの頃、赤松氏の家臣・安積行秀《あさかゆきひで》が突如として乱入し、その場で義教を暗殺した。嘉吉の乱の勃発である。宴席は一瞬にして、修羅場と化したことはいうまでもない。

義教は宴に際して、お気に入りの近習たちを多く引き連れていたが、隣室に控えていた山名熙貴、細川持春は赤松氏に応戦して戦死。大内持世《もちよ》と京極高数《たかかず》は、瀕死の重傷を負っている。その他の管領以下、守護、近習らは、義教の遺骸を放置したまま、逃げ帰るありさまであった。

一方で、将軍暗殺後の満祐・教康親子は、一族を引き連れると、本国播磨をめざして落ちて行った。その際、自邸はもちろんのこと、一族・庶子の邸宅を焼き払うことを忘れなかった。応永三十四年の下国事件と同じく、幕府に対して反逆の意思を示したのである。

その際、一族・庶子の貞村と満政は「野心無く」、有馬氏ともども参加しなかったことに注意すべきであろう。彼らは赤松氏惣領のもとに束ねられる存在ではなく、一個の自立した勢力だったのである。

嘉吉の乱の一報を耳にした伏見宮貞成《さだふさ》は、「所詮、赤松討たるべき御企て露顕の間、遮って討ち申すと云々。自業自得の果て、無力のことか」と述べている（『看聞日記』）。ということは、義教による赤松の討伐は、公家あるいは武家の間で噂になっていたと考えられる。果たして、嘉吉の乱は偶発的に勃発したものなのであろうか。その点を次に検討することとしたい。

足利義尊の擁立

満祐は義教を暗殺する際に、周到な準備をしていたと考えられる。

満祐が旗揚げする際には、その権威――将軍・天皇――となるべき存在が必要であった。満祐は、そうしたことにも配慮していた。その重要な人物の一人が、将軍家の血縁につながる足利義尊《よしたか》である。では、義尊とは、いかなる人物なのであろうか。

結論から言えば、義尊は足利直冬《ただふゆ》の孫であり、父は直冬の子冬氏《ふゆうじ》であるといわれている。直冬の実父は尊氏であり、養父は直義《ただよし》であるが、観応の擾乱《じょうらん》（一三五〇～一三五二）において、反幕府勢力――反尊氏――となった。観応の擾乱とは、尊氏・直義の二元的な体制が崩れ、それぞれの派に分かれて争った内紛である。

特に、尊氏派で執事であった高師直と直義との対立は激しく、ついに観応元年（一三五〇）十一月になって、直義の追討令が光厳上皇から下された。これを知った直義は、同年十二月に南朝に降《くだ》ったのである。

直義と行動をともにしたのが、養子である直冬であった。直冬は主に山陽・山陰地域に拠点を持ち、同じ南朝方でもある山名時氏《ときうじ》とともに、東上の勢いを見せるほどであった。延文《えんぶん》三年（一三五八）に尊氏が没しても、その勢力は衰えなかった。

しかし、貞治《じょうじ》二年（一三六三）に山名時氏が幕府に帰順すると、真冬は貞治五年（一三六六）を最後に史料上から姿を消した。その間、直冬は一貫して南朝方にあり、『吉川家文書』に発給した文書を残している。

冬氏は「足利系図」などによると、「中国武衛《ぶえい》」と呼ばれており、法号を「善福寺《ぜんぷくじ》」と号している。武衛とは将軍を意味することから、南朝サイドから「中国地方を統括する将軍」程度に位置づけされていたのであろう。では、法号の「善福寺」とは、何を意味するのであろうか。

この点については、水野恭一郎氏が指摘するように、岡山県井原《いばらし》市の「重玄寺《ちょうげんじ》文書」中の知行目録の「善福寺大御所」が冬氏に該当すると考えてよい。冬氏には、相国寺（京都市上京区）に宝山乾珍《ほうざんけんちん》という弟がいたが、彼によって「善福寺大御所」の菩提を弔うため、田畠《でんぱた》が寄進されているのである。

また、同市内の重玄寺に程近いところには、善福寺という曹洞宗寺院がたしかに存在する。以上の点から、冬氏は当時の井原荘にあったことが理解されよう。その点を踏まえて、もう少し義尊の動向を探ることにしよう。

将軍を戴いた天下取り

義尊が最初に登場するのは、『建内記』嘉吉元年（一四四一）七月十七日条である。

同条によると、直冬の子孫である禅僧が満祐に擁立され、すでに「将軍」と称していたとある。もちろん、正式に将軍宣下を受けたわけではない。自称と考えてよい。『建内記』同年八月二十一日条によると、その禅僧は「井原御所」と称され、さらに名を「義尊」と改め、その名前でもって各地に軍勢催促を行ったという。御所とは、親王、将軍、大臣などの住居のことを意味する。義尊が将軍に擬せられたことは、否定できないであろう。

しかし、幕府は義尊の花押《かおう》を写し取り、その花押を据えた書状を持つ者がいれば、召し取るように命じている。つまり、幕府は義尊の軍勢催促を無視できず、一定の効果を持つことを予測したことを示している。

満祐が義尊を擁立した動機については、一般的に幕府に対抗するために軍勢を募るだけで、天下を欲したわけではない、と解されている。その考え方には、いくつか疑問がある。

そもそも義尊が将軍家である足利氏の血を受け継いでいることに加え、（1）満祐が義尊を将軍として擁立していること、（2）御所が貴人（この場合は将軍）の住居やその人そのものを示していること、（3）義尊の名前が将軍家の「義」の通字を使用していることから、義尊擁立の動機が単に幕府に対する防戦のみに止まるとは考えにくいのではないだろうか。

高坂好氏により、良質な軍記物語であると指摘された『赤松盛衰記』には、次のように記されている。

所詮、備中国井原の武衛を尊敬して、日の将軍と号し、不日に入洛を遂《とげ》、一家天下の執権をして国土を掌に握らん事、疑ひあるべからず。

これは満祐の言葉であるが、要するに義尊を将軍に擁立して入洛し、自らは将軍を補佐し、天下を掌中に収めたい、との意である。「日の将軍」とは、満祐が義尊を敬った言葉である。そして、この場合の天下とは、将軍の権力がおよぶ畿内と考えていいだろう。

いうまでもなく、満祐は侍所所司などの幕府の要職を歴任し、幕政にかなり通じていた。将軍さえ擁立すれば、自ら執権となり、天下を差配することも可能だと考えたことであろう。満祐のなかでは、決して無謀な戦いを挑んだのではなく、ある程度の勝算があったのである。それは、次に触れる小倉宮《おぐらのみや》擁立にも見られる。

先の義尊による軍勢催促とは、単なる防戦というよりも、天下を狙ったと考える方が自然であろう。事実、『建内記』嘉吉元年七月二十六日条には、八月三日に満祐が京都に討ち入るとの噂が記されている。

恐らく満祐は、義教暗殺後に播磨へ下国して態勢を整え、新将軍義尊を擁立する計画を算段していたのであろう。そして、義尊の名で各地に軍勢催促を行い、然るべき勢力を率いたうえで、京都を攻撃する計画であったと推測される。

既に触れたように、将軍義教は守護から恐れられており、嘉吉の乱では義教のお気に入りの近習も討たれている。守護たちにとっても、義教の死は好都合なことであった。さらに、幕府が混乱する様子を見た満祐は、軍勢催促に応じる勢力が多くあると予測し、倒幕計画の成功に強い確信を持ったはずである。

ことがうまく運べば、新将軍に義尊を擁立し、満祐自らが将軍を補佐する職についた可能性は否定できないであろう。満祐による義教暗殺は、それなりの計算があったと推測される。

義教没後、幕府は早急に子の義勝《よしかつ》を第七代将軍に据えているが、これは義尊を意識したものと推測される。つまり、将軍不在では赤松氏討伐をなしえないと考えたため、幕府は相当な警戒心を持ち、迅速に対応したのである。

このように、満祐があえて将軍義教を討った理由は、あらかじめ綿密に計算されたものであり、しかも将軍を戴いた天下取りにあったと推測される。もう一つのキーワードが、南朝である。義尊はすでに触れたように、南朝方の直冬の子孫であった。次項で触れるとおり、満祐は、南朝末流の天皇さえも準備していたのである。

小倉宮の擁立

嘉吉の乱における、もう一人のキーパーソンが小倉宮である。満祐が小倉宮を擁立しようとしたことは、『建内記』嘉吉元年七月十七日条に「南方御子孫小倉宮の末子を赤松が盗み奉った」との記録が見える。

正確に言えば、小倉宮自身ではなく、その末子ということになる。しかし、『建内記』によると、「後に聞く。この儀無しと云々」とあることから、残念ながら実現しなかったと考えられる。

小倉宮とは、いかなる人物なのであろうか。

後亀山には、何人かの皇子が存在したが、その一人に恒敦《つねあつ》親王がいる。彼こそが小倉宮と称せられる人物であるが、恒敦に関する史料は少なく、応永二十九年（一四二二）に没したことを伝えるのみである。むしろ注目されるのは、二代目小倉宮（聖承《せいしょう》）の方である。

応永二十一年（一四一四）、伊勢国司・北畠満雅は、後亀山の吉野出奔を受けて伊勢で挙兵している。さらにその九年後、鎌倉公方・足利持氏と呼応して挙兵したが、このとき「南方宮」を擁していた（『看聞日記』）。

北畠氏も挙兵の際には、天皇の権威を必要としたのであろう。この点は、非常に重要である。彼らはやみくもに挙兵しているのではなく、正統性や求心性を担保するために、相応の準備を行っている。

正長《しょうちょう》元年（一四二八）八月、満雅は再挙兵する。このとき、満雅が擁立したのが、小倉宮（聖承）である。ほぼ同じ頃、称光天皇の病状が思わしくなく、新帝即位の話が持ち上がっていた。これをチャンスと捉え、小倉宮は密かに嵯峨を脱出し、伊勢に向かった。小倉宮の方も、密かに即位の機会を狙っていたのである。

満雅はふたたび小倉宮を擁立し、鎌倉公方・足利持氏と連携しながら、兵を挙げた。やはり、満雅は天皇権威を示す小倉宮、そして将軍家の血を引く鎌倉公方の存在を一つの拠り所としたのである。

もちろん、小倉宮の目的は、皇位奪還にあったといっても差し支えないであろう。しかし、この戦いは、新伊勢守護として幕府から派遣された土岐持頼によって、同年十二月に鎮圧され、満雅は敗死した。

挙兵そのものは失敗したが、ここで重要なのは、満雅の跡を継承した顕雅《あきまさ》が幕府に降伏した際、赤松満祐と三宝院満済がその宥免《ゆうめん》に尽力していることである。顕雅の宥免・所領安堵は、小倉宮の京都帰還と並行して進められた。

このとき満祐は小倉宮を擁護していることから、なんらかの接点を得たのではないだろうかと考えられる。この一連の流れが、嘉吉の乱において小倉宮の末子を擁立しようとした背景になったと推測される。

その後、京都に戻った小倉宮には、過酷な運命が待っていた。小倉宮は幕府との交渉のなかで、生活を支えるための経済的裏付けとして、諸大名からの援助を得ることが決まっていた。とはいえ、その納入は常に滞りがちで、経済的に困窮した小倉宮は不満をこぼす。

そのような背景もあって、永享六年（一四三四）二月、ついに小倉宮は出家することとなった。幕府の基本的な方針は、南朝皇胤《こういん》の出家であったため、願ったり叶ったりというところであろう。しかし、小倉宮は逆に南朝皇胤が断たれるという、強い危機意識を持ったことと推測される。

こうした状況下で、義教にマークされ、討伐される危機に瀕していた満祐が、小倉宮と何らかの形で連絡を取り合っていた可能性は、あながち否定できないであろう。

つまり、満祐は義教を襲撃する際、あらかじめ小倉宮を擁立することを念頭に置いて、行動していた可能性が高いということである。小倉宮自身も、満祐が運良く入洛し、天下を取ることがあれば、皇位継承が叶うと思ったはずである。

仮に、小倉宮を新天皇にすることができれば、先の新将軍・義尊とともに、満祐は天皇と将軍をいただくことになる。そうなると、形式の上で国家としての体制を整えることとなり、戦いの展開は有利に運ばれることになろう。

ただ、一つ疑問が残る点もある。これは、北畠満雅の場合でも同じであるが、三種神器を持たない小倉宮が何らかの権威的な意味を持っていたのか、ということである。これは、将軍宣下を受けていない義尊の場合も同じである。

その点については憶測に過ぎないが、満祐自身は小倉宮や義尊に何らかの効果があると考えたに違いない。そうでなければ、周到な準備のもとで、二人を擁立しようと画策しないはずである。

それゆえに、義尊を戴いた満祐は、その名のもとに軍勢催促を各地に発したのである。仮に、小倉宮末子を擁したならば、その名のもとに各地に軍勢を促したと予測される。もちろん、効果のほどは、満祐自身にも期待があったはずである。

一般的に、嘉吉の乱に関しては、満祐の突発的な行動が原因とされ、さしたる展望がなかったといわれている。しかしながら、満祐の一連の事前準備を見る限り、ある種「新幕府」のようなものを構想していたのではないか、と考えられる。

ところが、この満祐の目論みは、決してシナリオどおりに進まなかったのである。

歓喜の声

華々しく義教の首を取った満祐であったが、その後の合戦経過は、どうなったのであろうか。まずは、幕府の対応から見ることにしよう。

幕府では義教が暗殺された翌日の六月二十五日、早速重臣会議を開催し、満祐討伐の議論を行っている。翌々日の二十七日になると、赤松の討伐隊として、細川持常《もちつね》、山名持豊、有馬持家《もちいえ》を選んだ。しかも、赤松氏が守護職を持つ播磨・備前・美作の三ヵ国に関しては、軍功に応じて配分されることが決定している。

このように、着々と赤松氏討伐を命じた幕府であったが、実際には円滑に進むことがなかった。

討伐軍は、播磨の国境手前で形勢を傍観しており、積極的に戦闘を行わなかった。赤松氏の一族である貞村も出陣しているが、落馬により療養中と称していた。細川持常も眼病を患っているとのことで、討伐は一向に進まなかった。加えて、大将である山名持豊は、京都市中で問題を引き起こすばかりである。
こうした幕府の討伐遅延は、義教のような強力なリーダーシップを欠いていたことに起因する。幼少の将軍・義勝と管領・細川持之《もちゆき》のコンビでは、守護・国人に対する強制力があまりなかったのであろう。永享の乱のようには、うまくことが運ばなかったのである。

一方で、赤松氏はどのような状況だったのか。満祐が義教を暗殺したことは、世上に好感をもって受け入れられた。言うまでもなく、義教の恐怖政治は、当時の人びとにとって受け入れがたいものだったからである。

その事実は、当時の噂にも反映されている。満祐ら一行が播磨に下向していく途中、石清水八幡宮（京都府八幡市）で旗竿を切らせた。もし、無事に帰国できたならば、佳《か》瑞《ずい》であると神前に祈ったのである。すると、竿は二つに割れ、無事播磨に到着できたので、播磨坂本城（兵庫県姫路市）は歓喜の声で満ちたという。

また、嘉吉の乱そのものも、石清水八幡宮の神官に託宣《たくせん》が下り、義教の悪政で人びとが苦しんでいるので、八幡大菩薩が満祐に乗り移って、義教を討伐したとされている。さらに、赤松討伐のために発向した細川持常・赤松貞村が次々と病に倒れたのも、神慮によるものとする。播磨坂本城に迷い込んだ馬でさえも、八幡神の宿った神馬《しんめ》とされた。

世間では、赤松氏の将軍暗殺という行為が歓迎された。そのことは、赤松氏の戦いを強く支えたことであろう。

綸旨発給

事態が好転しないなかで、管領・細川持之はある大きな決断をする。それは、赤松氏を朝敵（朝廷に背く敵）とするため、治罰の綸旨《りんじ》を朝廷に奏請することであった。赤松氏討伐を円滑に進めるには、もはや朝廷に頼る他、手段がなかったのである。

とはいえ、この処置はいくつかの問題をはらんでいた。

基本的に綸旨の申請は、朝敵の征伐が該当するのであって、将軍の陪臣にあたる赤松氏討伐は該当しない。簡単にいえば、義教暗殺は将軍家と赤松氏との私闘に過ぎないとみなされたのである。

強いて綸旨が出された事例を見ると、近年でいえば、永享の乱の例があるくらいである。相談を受けた万里小路時房は、そのことを理由とし、持之に対して難色を示した。もう七月二十六日になっており、嘉吉の乱勃発から一ヵ月余が経過していた。

綸旨下付については、公家らの反対意見も数多かったが、持之の熱意が通じ、発給されることが決定した。形式としては、幕府から朝廷に申請があったこととしている。綸旨を得た持之は、ただちに征討軍へ送り、赤松氏討伐を促した。厭戦《えんせん》ムードが漂うなかで、綸旨が効果を発揮したことはいうまでもない。

このような状況を見る限りにおいては、満祐は討伐軍が早々播磨に攻め込んでこないとの予測を立てていたのでないだろうかと推測される。

今までは義教という独裁者がいたために、守護・国人らは渋々とでも命令に従っていたが、義教が不在になることにより、幕府の求心性は急速に失われている。そのことを満祐は、あらかじめ計算していた可能性がある。もしそうであるとするならば、かなりの確信犯である。

ところが、満祐の目論みは、綸旨発給によって、大きく狂わされたといってもよい。赤松氏が華々しい戦勝を挙げたのは、八月中旬の美作・備前での戦いのみであった。美作では官軍の垪和《はが》氏を破り、備前では松田・勝田の両氏との戦いに勝ち、備中《びっちゅう》国へ退散させている。しかし、この方面での戦いは、山名常勝（教清《のりきよ》）の巻き返しがあり、「美作国中朝敵ことごとく退散」という状況になった。

それだけではない。淡路水軍を率いる細川持親《もちちか》は、塩屋関（兵庫県神戸市）を焼き払うと、これにつづいて細川氏らが攻め入った。「官軍常勝」と『建内記』にあるように、赤松氏は敗北を喫したのである。さらに、明石の蟹坂《かにがさか》(兵庫県明石市)では、一進一退の攻防がくりひろげられたが、結局は赤松方が敗走している。すでに、八月下旬になっていた。

九月になると、山名持豊が播磨に攻め込み、守護所のある坂本(兵庫県姫路市)に総攻撃を仕掛けた。ここで惨敗した赤松満祐は、城山城《きのやま》へ(兵庫県たつの市)引き退いている。もはや赤松氏は、敗色濃厚であったといってもよい。

この時点において、赤松氏に従った国人らの多くは、官軍に降参している。逆に求心性をすっかり失った赤松氏は、官軍に攻め立てられ、ついに満祐は自害して果てた。義教が暗殺されてから、二ヵ月以上が経過していた。

赤松氏は奮戦空しく討伐されることとなったが、やみくもに叛旗を翻したのではなく、ある程度の目算があった可能性があることを改めて指摘しておきたい。それは、自らが義尊・小倉宮末子という権威を掲げた点からうかがい知ることができる。特に、赤松氏と南朝との間に繋がりがあったことは、注目に値するのではないか。その点については、次章でも触れることにしたい。

反幕府行動に対する見せしめ

では、嘉吉の乱後の戦後処理は、どのように行われたのであろうか。まずは、負けた方の赤松氏のほうから見ることにしよう。

首謀者の満祐は、炎駆け巡る城山城のなかで切腹した。その首を火中から探し出したのは、山名教之《のりゆき》であった。当初、赤松満政がその首を取ったとされ、後に赤松氏の旧守護職（播磨・備前・美作）を巡って争いごとになるのではと懸念されたが、これは誤報だったようである。九月十二日の時点においては、満祐の子教康、弟の則繁、義《よし》雅《まさ》は自害したとされた。

このうち、義雅はたまたま国元にいて、京都での謀議には関わっていなかったが、流れとして満祐に加わらざるをえなかったのであろう。いずれにしても満祐に加担したことは事実であり、縁座を逃れることができず、一族の赤松満政の陣で切腹を命じられた。このとき、義雅の遺児時勝《ときかつ》が満政に預けられている。

教康は密かに脱出し、北畠教顕を頼って伊勢へと逃れた。教康が伊勢へ逃れたのは、先述したとおり北畠満雅が挙兵した際、満祐が北畠氏の宥免に尽力したからである。しかし、北畠氏はこれを許すことなく、教康をはじめ家人に対しても自害を求めた。九月二十一日、満祐の首は義教を討った安積行秀の首とともに、近衛西洞院で獄門さらし首となった。少し遅れて閏九月六日、教康の首が家人十二人の首とともに、六条河原でさらし首となった。当初、赤松氏の反逆行為は好意的に受け取られていたが、『建内記』では、「天罰を免れず」と厳しい評価を下している。

赤松氏のなかで、唯一逃亡を成し遂げたのは則繁である。則繁は倭寇《わこう》として活躍し、少弐《しように》氏などと行動をともにしている。しかし、文安《ぶんあん》五年（一四四八）に大内氏との戦いに敗れると、播磨を経て河内守護畠山氏を頼った。同年八月、幕府に命じられた細川持常《もちつね》は、大和国当麻寺《たいまでら》に逃れた則繁を討伐した。その首は京都に運ばれ、さらし首となっている。

満祐らに擁立された井原御所の義尊は、いったいどうなったのだろうか。義尊は城山城落城後、密かに脱出し、僧形となって畠山持国《もちくに》を頼った。ところが、持国はこれをかばうことなく、家人を遣わして討たせている。嘉吉二年（一四四二）三月のことである。いったんは、将軍として擁立された義尊であったが、悲惨な結末を迎えたのである。

このように、嘉吉の乱に関わった赤松氏関係者は、次々と捕らえられ自害あるいは討たれることとなった。こうした厳しい処分が加えられた背景には、反幕府行動に対する、一種の見せしめ的な要素があったと考えられる。それゆえに、逃亡者についても、厳しく追及したのである。

論功行賞

次に、嘉吉の乱における、論功行賞について確認しておこう。具体的な論功行賞が行われる前後、山名持豊は播磨にあって、「赤松氏を滅ぼしたのは、私の功績である」と豪語し、寺社や武家の所領をすでに侵している有様であった。こうした持豊の不遜な態度から、『建内記』では持豊を播磨守護にしたならば、一国が滅亡するであろうと述べている。

伊勢国で赤松教康を討った北畠教顕《のりあき》も、恩賞を望んだ一人であった。当時、教顕は侍従であったが、中将を希望している。『建内記』では、従五位少将くらいが妥当であり、中将は越階《おつかい》ではないかとしている。

赤松氏討伐が守護の協力なくしては成し遂げられなかったため、彼らの要求はエスカレートしていった。論功行賞の一覧については、『斎藤基恒《さいとうもとつね》日記』嘉吉元年閏九月条に載せられている。次に掲出しておこう。

播磨国（守護）— 山名持豊

備前国（守護）　—　山名教之
美作国（守護）　—　山名常勝（教清）
摂津国中島郡（御料所代官として）　—　細川持賢
播磨国三郡（明石・賀東《かとう》・美囊《みのう》各郡の御料所代官として）　—　赤松満政

一覧すればわかるように、軍功の最も大きかった山名氏には、一族に赤松氏の旧守護職が宛てがわれた。赤松氏のなかでは、一族でありながら積極的に戦闘に参加した満政に、播磨国三郡が御料所（幕府の直轄領）の代官という形で与えられている。嘉吉の乱は、山名氏の勢力を拡大する結果をもたらしたのである。

三年後の嘉吉四年（一四四四）、満政に代官職として与えられた三郡は、山名持豊の策謀によって召し上げられた。同年（文安元＝一四四四）十月、不満を持った満政は、京都を離れて播磨へ下国した。結局、満政は討伐の対象となり、播磨で持豊と交戦し敗れ、有馬郡へ逃げたが、同地で一族の有馬氏に討たれている。

赤松氏のなかの残党には、まだ満祐の甥則尚《のりなお》が健在だった。則尚は満政挙兵の折に、行動をともにしていた。一族の有馬元家のとりなしによって、何とか罪を逃れていたのが実情であろう。

享徳《きようとく》四年（一四五五）五月、則尚も持豊の子山名教豊《のりとよ》との戦いに敗れ、逃亡先の備前国鹿久居《かくい》島（岡山県備前市）で家人らと自害した。

こうして、嘉吉の乱以後も赤松氏一族の討伐は止まるところを知らず、事実上、赤松春日部家と有馬氏などの一部の一族・庶子が長らえるのみとなった。いずれも将軍の直臣である、御供衆などとして仕えている。

赤松氏の一族では、義雅の子時勝が難を逃れ、その子息である次郎法師（後の政則）がふたたび歴史の表舞台に立つ。その点に関しては、第五章で取り上げることとしたい。

かくして赤松氏の幕府に対する戦いは失敗に終わったが、赤松氏が将軍・義尊を戴いて上洛し、管領となることを画策した「新幕府構想」は、今後検討の余地があるように思う。

嘉吉の乱において、赤松氏が南朝勢力である義尊や小倉宮と接点を持っていたことは、重要な意味があった。ひきつづき禁闕《きんけつ》の変そして長禄の変において、赤松氏は後南朝と関わり、暗躍することになる。

第四章

禁闕の変——神璽強奪

幕府内の大きな変化

嘉吉の乱によって、赤松氏が事実上滅亡したあと、後南朝勢力の動きも活発化していた。その背景には、いかなる事情があったのであろうか。

まず、幕府側の事情を見ることにしよう。

嘉吉の乱で義教が暗殺された後、義勝が急遽将軍として擁立されたことは、すでに見てきたとおりである。しかし、義勝は嘉吉三年（一四四三）に赤痢を発病すると、たちまち重篤な状態となり、生命の危険に瀕することとなった。

義勝が病に伏した原因については、嘉吉の乱で滅びた赤松満祐や、義教に謀殺された一色義貫の邪気によるものであるとされた。その邪気は、義教の子孫七代までを取り殺すと風聞されている。

もちろん、実際には衛生面や義勝の体調面が病気の原因であり、それらは単なる迷信にすぎない。病にはさまざまな手が施されたが、義勝は発病からわずか九日間ほどで亡くなっている。享年十歳であった。

この幼将軍の後継者には、義教の子義成《よしなり》（後の義政《よしまさ》）が選ばれている。義勝には多くの弟がいたが、この頃には義教に疎んじられた日野氏が復活していた。義成が後継者となったのは、義勝と同母（日野重子《しげこ》）だったことが決め手になったのであろう。義成の母の日野氏とは、禁闕《きんけつ》の変に関与する日野有光《ありみつ》の系統ではなく、裏松日野家である。義成の名は、後花園天皇から与えられたものであるが、武器を意味する「戈《ほこ》」のつく字を二つも使っていることから、武威によって天下を治めて欲しいとの願いが込められている。

とはいえ、義成はこの時点で単に後継者に決まっただけで、第八代将軍に就任するのは、六年後の文安六年（一四四九）四月である。嘉吉の乱という未曾有の大乱においては、義勝が十歳にも満たない年齢で将軍になったのとは、様相を異にしている。つまり、義勝没後のしばらくの期間、幕府においては将軍不在の時期が生じることとなった。

この間、将軍のみならず、それを支える幕府の重臣らにも大きな変化があった。嘉吉二年（一四四二）、それまで管領を務めていた細川持之が亡くなり、その子勝元《かつもと》が当主になったのである。勝元はわずか十三歳であったため、一族の持賢《もちかた》が後見人になった。持之の後継者として管領職に就いたのは、畠山持国であった。

持国は義教によって家督を奪われ、一時期河内国へ下っていた。しかし、持国が管領職にふたたび就くと、訴訟受理を掌る賦奉行《くばりぶぎょう》を被官人に命じるなど、管領政治の復活が見られるようになっている。義教が暗殺されたことによって持国は復活し、幕府における権力を掌握したといってもよい。

嘉吉の乱鎮圧の功労者である山名持豊は、赤松氏旧領国（播磨の一部・備前・美作）を配下に治め、一族を一国守護や分郡守護として配置するなど、着々と統治を進めていた。

その統治手法は赤松氏旧臣を排除し、自身の家臣を新たに入部させることであり、かなり強引であったといわれている。ただ、小河《おがわ》氏のように「才覚」のある赤松氏旧臣についてては、ひきつづき用いるようにしている。

このように、幕府側では嘉吉の乱直後に、大きな政治体制の変化を見ることができる。それを端的に言うならば、畠山氏の復活、細川持之の死に伴う細川氏の停滞、そして山名氏の強大化である。義教の死後、将軍権力が後退した感は、否めないところである。

一方の後南朝サイドは、どのような状況にあったのであろうか。

南朝皇胤である小倉宮は、先に触れたとおり経済的にも苦しい状況にあった。しかし、嘉吉三年（一四四三）二月、小倉宮に反逆の企てがあるとの噂が流れ、事実であるならば「天下大乱」との記録が残されている。さらに、ほぼ同じ頃、南朝に尽くしてきた楠木氏の子孫が南朝の皇胤を擁立し、謀叛を企てているとの風聞も立った。

幕府では警戒を強めることとなったが、実際は、それらの企てが単なる噂にしか過ぎず、小倉宮が重篤の状態にあることが判明した。ただ、このような風聞が流れること自体、根拠がないとも言えず、水面下で着々と後南朝の策謀——後述する禁闕の変——が進んでいた可能性は否定できない。

このように、嘉吉の乱が終わった後も、幕府あるいは各守護らの動向は、大きく変化を遂げていた。

とりわけ、将軍そして管領が交代することによって、政情に不安を与えたのは事実である。特に、管領に復帰した畠山持国は、加賀国における富樫教家《とがしのりいえ》・泰高《やすたか》兄弟の一族間の紛争に介入し、自派である教家に加担している。

富樫氏の内紛により、教家方に敗れた泰高の代官山川氏が京都に逃亡し、畠山邸を襲撃しようと画策した。山川氏に助力し細川氏一門衆から諫止《かんし》されたのが、細川持賢であった。ここに持国と持賢との関係に亀裂が生じていたことが判明し、禁闕の変にも作用することになる。

義教という類稀《たぐいまれ》な権力者が不在となることにより、有力守護間の対立が露呈することになったのである。

内裏襲撃の目的

以上のような、政治的な変化とともに勃発したのが禁闕の変である。禁闕の変とは、いかなる事件だったのであろうか。禁闕の変、後南朝の研究に関しては、森茂暁氏らの詳細な研究がある。以下、森氏らの研究に導かれつつ、事件の概要を述べることとしよう。

禁闕の変は、後南朝に与《くみ》する一党が嘉吉三年（一四四三）に内裏を突如襲撃し、三種神器のうち神璽を奪った事件である。

当初は、「嘉吉の変」とも称されていたが、現在では「嘉吉の乱」との混同を避け、禁闕の変が一般的に使用されている。ちなみに禁闕とは、皇居を意味している。

変そのものについては、『康富記《やすとみき》』『看聞日記』『大乗院日記目録』などの史料に記録されており、当時における関心の高さをうかがうことができよう。

変は嘉吉三年九月二十三日夜、悪党と称せられる一党が突如として内裏（京都市上京区）を襲撃したところからはじまる。

襲撃した人数は、少ない史料の記載で三、四十人程度、多い史料で二、三百人（あるいは数百人）程度と、かなりの幅を認めることができる。首謀者として記録されているのは、次の人物たちである。

①源（鳥羽）尊秀《たかひで》——後鳥羽天皇後胤
②日野有光《ありみつ》・資親《すけちか》父子
③金蔵主《こんぞうす》・通蔵主《つうぞうす》——後亀山天皇御子兄弟（護聖院宮《ごしょういんのみや》御子兄弟）

彼らの経歴等については後述することとするが、いずれも皇胤あるいは南朝の系譜を引くことが注目される。

この動きについては、管領・畠山持国が察知していた可能性が高く、軍勢を烏丸殿《からすまどの》へ寄越している。『看聞日記』に「野心の牢人推参すべしと云々」とあることから、後南朝一味の不穏な動きについては、畠山氏のみならず、広く知れ渡っていたことは確実である。

当初、幕府は後南朝の一党が室町殿（将軍邸・京都市上京区）を攻撃すると考え、有力な守護（今川氏・斯波氏）らを警備に充てていたが、実際に襲撃されたのは、内裏（天皇邸）のほうであった。内裏と室町殿とでは、場所に大きな違いがある。

後南朝軍に裏をかかれたため、内裏はあっさりと攻略されてしまった。清涼殿に火がかけられると、後花園天皇は昼御座《ひのおまし》御剣を携えて議定所へと逃れている。宝剣と神璽は、女官の大納言典侍が持ち出したが、結局後南朝の一党によって奪われてしまった。神鏡だけは早々と持ち出されており、無事であった。

後南朝の目的は幕府襲撃ではなく、三種神器の奪取だったのである。

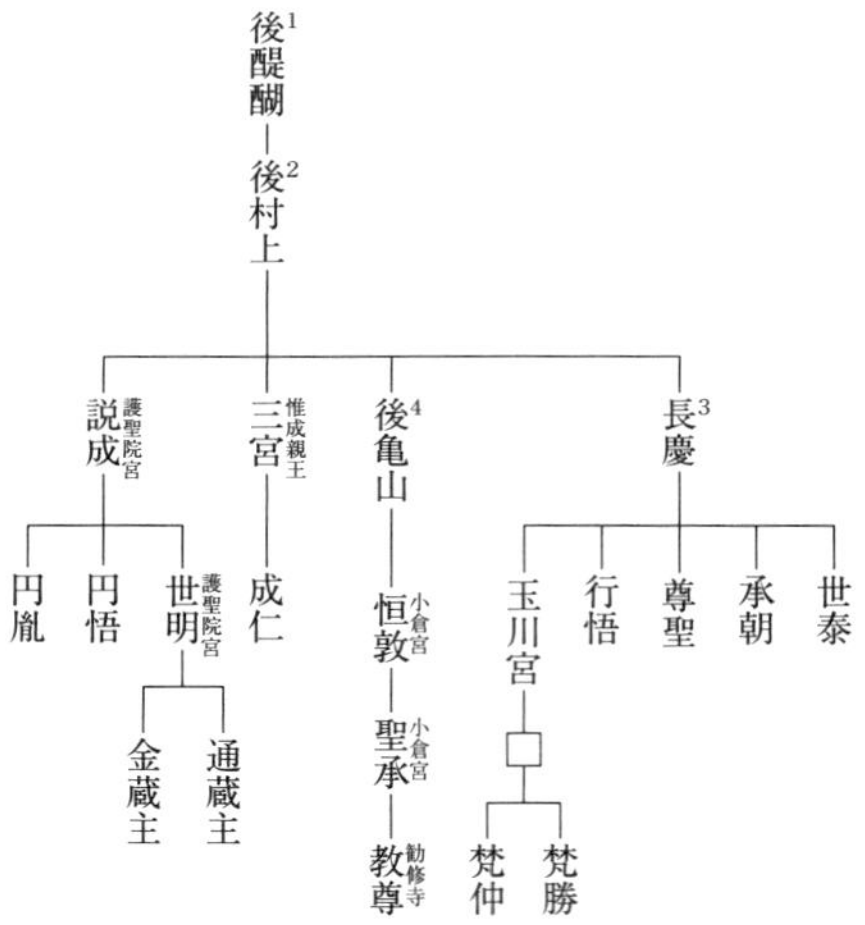

南朝→後南朝略系図
※数字は南朝の即位順

決起と顚末

宝剣と神璽を奪還した後南朝一党は、比叡山に向かい、決起を呼びかけている。しかし、幕府の対応は早く、後花園から綸旨を得ると、後南朝一党の討伐に向かった。結局、比叡山は後南朝一党に与同することなく、九月二十五日から二十六日にかけて反乱は鎮圧された。

首謀者たちは、いかなる扱いを受けたのか。源尊秀は、変後いったん姿が見えなくなったが、しばらくして討ち取られたと伝えている。日野有光・資親父子のうち、父有光は比叡山山頂で討たれた。

資親は捕らえられ、後に六条河原で処刑された。金蔵主・通蔵主兄弟のうち、金蔵主は比叡山で討たれ、その首は賊首として扱われた。通蔵主は後に捕らえられ、四国に流される途中、摂津国で斬られている。こうして、変に関わった者たちは、全員死亡したことになる。

小倉宮子孫とされる教尊《きようそん》は、当時真言宗の勧修寺《かじゆうじ》（京都市山科区）門跡に入っていたが、同年十月に幕府に捕らえられた。変との関係は不明であるが、幕府から怪しまれたことは確実であろう。

肝心の奪われた宝剣と神璽は、どうなったのであろうか。

しばらくすると、宝剣は清水寺《きよみず》（京都市東山区）から発見されたが、神璽は奪われたままである。なぜ、後南朝一党は宝剣を持ち去ることなく、神璽にこだわったのであろうか。その点は、大きな疑問である。

また、変には赤松氏旧臣や山名氏の配下の者、そして紀伊国の玉置《たまき》氏らが加わっていたといわれている。要するに後南朝一党とは、日野氏も含め広範な勢力によって形成されていたことがわかる。

もう一つは、幕府方の有力者である山名氏・細川氏がこの変に関与していたとの雑《ぞう》説《せつ》があったことも重要である。この風聞も、変が後南朝一党による、単独犯でないことをうかがわせる。果たして、彼らが関与したという噂については、何らかの根拠があったのであろうか。

以上、数多くの疑問点を提示したが、実際にはどうだったのであろうか。その点について、以下検討することとしたい。

首謀者たちの群像――後南朝一党

先に乱の経過を見てきたので、ここでは後南朝一党の首謀者の経歴を確認することにしよう。首謀者たちとは、源（鳥羽）尊秀、日野有光・資親父子、金蔵主・通蔵主の計五名である。

（一）源（鳥羽）尊秀〔後鳥羽天皇後胤〕

源（鳥羽）尊秀は、『看聞日記』に「南方謀叛大将、源尊秀と号す」とあり、また『康富記』には「後鳥羽院後胤と云々。鳥羽尊秀と号す」とある。これらのわずかな情報を総合すると、尊秀は後南朝一党の大将であるとともに、後鳥羽院の後胤と称していたことがわかる。

姓は、「源」あるいは「鳥羽」とあるが、源氏あるいは後鳥羽を意識したものであったと推測される。名前の読みについては、『東寺執行《しぎょう》日記』に「高秀」とあるので、「たかひで」と読むのであろう。

後鳥羽院は承久《じょうきゅう》の乱で鎌倉幕府に敗れ、隠岐島に流された。その時点から約二百年余り経過しているので、その後胤であると称することは、たやすいことだったであろう。今となっては、真偽を確かめるすべがない。

「尊秀」という名前は、後醍醐天皇の諱《いみな》「尊治」にちなんだものであると考えられる。つまり、首謀者の源（鳥羽）尊秀は、後鳥羽あるいは後醍醐といった、不遇のうちに死を遂げた天皇にちなんで、名乗ったものであると考えられる。

残念なことに、尊秀に関する史料は大変乏しく、これ以上のことはわからない。こうした伝聞による記述を見る限り、実際に尊秀が後鳥羽院後胤である可能性はきわめて低いといえよう。

「号す」という表現には、「本当は違うのに表向きそのように言いふらす」という意味がある。この源尊秀なる人物は、後鳥羽天皇後胤を称し、権威付けをすることによって、襲撃のリーダーとして奉じられたのであろうと推測される。

(二) 日野有光・資親父子

次に、変に関わった重要人物である日野氏とは、いかなる一族なのであろうか。

日野氏は藤原氏北家の「名家」の家格を有した公家であり、中でも裏松日野家は代々将軍足利氏と婚姻関係を結んでいた。三代将軍・義満の室となった日野業子・康子、四代将軍・義持の室となった日野栄子、六代将軍・義教の室となった日野宗子・重子などは有名である。

では、この名門の家柄である日野氏は、いかなる理由で反逆を決意したのであろうか。その理由は、将軍家との関係に尽きるのではないかと考えられる。以下、確認することにしよう。

応永三十二年（一四二五）、有光は義持によって、強制的に出家させられていた。永享四年（一四三二）には、当時の将軍義教によって、家領である能登国若山荘（富山県珠洲市）を接収されている。その二年後には、義教の嫡子誕生を祝い、裏松家に参上したことを咎《とが》められており、将軍家から圧迫されていたのである。

ところが、禁闕の変直前まで、有光・資親父子の出世は比較的順調であり、特に問題があったとは思えない。当時の日記などを見ても、有光の息女が権典侍《ごんのてんじ》として天皇に仕えたことが知られ、その深い関係をうかがい知ることもできる。

したがって、遠く十〜二十年前に遡って原因を求めることは、時代の趨勢も変化を遂げているので、ある意味で無理があるのかもしれない。ただ、『看聞日記』嘉吉三年九月二十四日条には、有光・資親父子の「謀叛」への驚きとともに、「このほか、公家人同心云々。その名を謂うに及ばず」と記載がある。

有光・資親父子のように、積極的な姿勢で反逆に加わらなくとも、少なからず公家らが後南朝一党に与していた様子がうかがえる。同心した公家たちは、幕府などに対して、何らかの不満を抱いていたのであろう。

そのように考えると、打ちつづく政情不安のなかで、彼ら公家のなかに、後南朝に期待する勢力があったのは事実といえよう。『看聞日記』には、あえてその名を記していないが、変の動向如何によっては、彼ら公家衆が一気に後南朝方へ与同する可能性があったと推測される。

となると、後南朝一党の反乱は、あらかじめ広く知れ渡っており、一定の勢力を見込んでいたことにならないだろうか。

しかし、当時の後南朝勢力は実体的なものがほとんどなく、仮にこのクーデターが成功しても、公家らにメリットがあるとは考えにくい。なぜなら、当時にあって、挙兵するには武家勢力を欠かすことができず、後南朝単独で軍事行動を起こすことは、困難であったと推測されるからである。

仮にそう考えることが可能であるならば、後南朝に期待するというよりも、もっと別な側面から検討すべきではないかと思われてならない。なお、この点に関しては、後に詳しく触れることにしたい。

(三) 金蔵主・通蔵主〔後亀山天皇御子兄弟（護聖院宮御子兄弟）〕

後亀山天皇の子とされる金蔵主・通蔵主兄弟（『康富記』）については、護聖院宮の子とする説もある（『師郷記《もろさとき》』）。護聖院宮とは、後亀山天皇の兄弟とされる人物である。

どちらにしても、この兄弟は南朝の系譜を引くと見て間違いない。

兄弟はいずれも京都五山の僧侶であり、金蔵主が万寿寺《まんじゅじ》（京都市東山区）、通蔵主が相国寺常徳院《しょうこくじじょうとくいん》（京都市上京区）にそれぞれ入寺していた。幕府が南朝後胤を僧籍に移行させる政策をとっていたためであろう。この二人は、反逆の意思を固めた後南朝勢力に祭り上げられたことになる。

二人はすでに青年期に達していたが、自らの将来についていかなる心中であったのであろうか。このまま二人が万寿寺・相国寺にいれば、僧侶として生涯を終えることになる。となると、後南朝勢力からの誘いは、「渡りに船」といわんばかりの申し出でと感じたのであろうか。

内裏を襲撃した源（鳥羽）尊秀や日野有光・資親父子にとって、南朝皇胤である金蔵主・通蔵主兄弟は欠かすことができなかった。後南朝一党の反乱は、「後鳥羽院の後胤」こと源（鳥羽）尊秀を首謀者としているが、現実には身元の確かな金蔵主・通蔵主兄弟を擁立する必要があったのであろう。

このことは、逆に源（鳥羽）尊秀が「後鳥羽院の後胤」ではなかったことを裏づけていないだろうか。

関与が疑われた人びと

前項で触れた人物は表立った首謀者であるが、陰で操っていた人物がいたことも、当時の日記に示唆されている。次に、変への関与が疑われた、山名氏・細川氏そして赤松氏の動向について、触れることとしよう。

(一) 山名氏と細川氏

禁闕の変に山名氏と細川氏が関与したことを示唆する記事としては、先に掲出した『看聞日記』嘉吉三年九月二十四日条に「このほか、公家、諸大名(細川、山名)同心し、廻文に判形《はんぎょう》を加えると云々」と記載がある。

史料中の廻文とは、後南朝一党を支援し、反逆に加わることを誓約したものであると考えられる。

廻文に判形を加えるよう勧めた行為は、日野有光が山門に対して反乱に加わるように求めた際、後南朝一党に与しようとした公家・諸大名が取った行動である。『看聞日記』同日条には、山名氏が日頃から野心を抱いていることが風聞しており、それに細川氏も同心しているとある。さらに、山名氏と細川氏が「縁者」であったと記載されている。

『看聞日記』嘉吉三年九月二十三日条に、内裏が襲撃された際に「焼亡時分、諸大名、侍所等一人も参らず。公家人も参らず」とある。内裏が襲撃されたにもかかわらず、大名や公家は誰も参上しなかったのである。

後になるが、『康富記』文安六年（一四四九）七月一日条には禁闕の変の謀叛人として、「山名被官人」が尾張国で捕らえられ、京都で処刑されたとある。となると、公家衆や山名氏・細川氏が、変に関与していたことが疑われないだろうか。

興味深いのは、紀伊国の玉置氏が後南朝方に与していることである。このことも後になるが、『康富記』嘉吉四年（文安元＝一四四四）二月十二日条によると、玉置氏が畠山氏の被官人・遊佐《ゆさ》氏宅で、変に関与した疑いで誅殺《ちゆうさつ》されている。おそらく玉置氏は、紀伊国における畠山氏の不満分子だったのではないかと推測される。

もしその可能性が否定できないなら、なぜ山名氏と細川氏は後南朝一党の支援に回ったのであろうか。その理由の一つとして考えられるのは、畠山持国の幕府管領職への復帰と将軍不在問題である。

畠山氏は河内、紀伊、越中等の守護職を保持しており、一方で管領として幕政に参画していた。しかし、義教が六代将軍に就任して以降は勘気を被り、河内へ出奔するなど不遇を託《かこ》っていた。

嘉吉元年（一四四一）に義教が暗殺されると、持国は復権する。その翌年には細川持之の跡を受けて、管領に復帰していた。だが、持国の管領復帰は、幕府政治に大きな亀裂をもたらす。

その転機となったのが、加賀国守護職問題である。加賀国守護は、当初富樫教家が保持するところであったが、嘉吉元年に突如として将軍義教によって剝奪され、弟泰高に与えられた。

嘉吉の乱で義教が没後、義教によって取り上げられた公家・武家の遺跡が還付される方針が固まると、管領の持国は教家に与《くみ》し、泰高に与えられた加賀国返還運動に積極的な姿勢を見せている。持国は亡き義教に対して、相当な恨みを感じていたのである。

この一件については、先に触れたように、教家方に敗れた泰高の代官山川氏が京都に逃亡し、すぐさま畠山邸を襲撃しようと画策している。これに助力し、細川氏一門衆から諫止されたのが、細川持賢であった。

持賢が泰高の支援を行おうとした理由は、持之の代から細川氏が泰高を支持していたからである。富樫氏の加賀国守護職問題は、細川氏・畠山氏の代理戦争の様相を呈した。以上の点から、京都において細川持賢と畠山持国という、二大勢力が対立した状況をうかがうことができる。

畠山邸襲撃の結論を言えば、持国は山川が御料所代官を討ったことを理由として、富樫泰高の討伐を強硬に主張する。これによって、持国の主張が通ることになり、山川父子は切腹を命じられる。圧倒的な持国の存在の前に、山名持豊、細川持賢は屈することになった。

山名・細川の両氏にとって、突如強大な勢力となった畠山氏は、脅威の存在として映ったのである。また、京都周辺で勃発した嘉吉の土一揆は、かつて細川氏攻略のために持国が仕掛けたとの指摘がある。

つまり、当時における畠山氏・細川氏の対立は、決定的なものであったと考えられるのである。

山名持豊が細川勝元と姻戚関係を結んだことは、文安四年（一四四七）であることが確認できる。しかし、先に掲出した史料では、「この頃すでに縁者」とあるので、嘉吉三年（一四四三）段階では、少なくとも婚約を結んでいたと考えられる。

当時、持豊は大内氏とも姻戚関係を結んでおり、畠山持国の権力が増大することを快く思ってはいなかったのであろう。山名氏は嘉吉の乱で強大な勢力に成長しており、対抗する勢力つまり畠山氏を強く意識していたはずである。

山名氏・細川氏が後南朝一党に与したと思われる背景には、以上のような畠山対策があったと推測される。それが広範になっていたことは、風聞はもちろんのこと、後南朝一党が内裏を襲撃した際に、諸大名や侍所が駆けつけなかった点に集約されている。

結論をいえば、後南朝一党による内裏襲撃は、ある程度周到に準備されていた可能性が高い。そして、山名氏・細川氏が後南朝一党を陰で支援していた確率も高いと考えられる。

(二) 赤松氏とその与党

次に問題となるのは、嘉吉の乱で事実上滅びた、赤松氏旧臣が変にかかわったか否かである。

赤松氏が内裏襲撃に加わっていたことは、『大乗院日記目録』に「変の大略は赤松党の所為である」と記載されていることから、ほぼ間違いないと考えられる。先に掲出した『看聞日記』の「野心の牢人」も、主人を失った赤松氏の牢人を含んでいると想定してよい。

それでは、なぜ赤松氏が変に関与することになったのであろうか。その点をもう少し検討することにしよう。

すでに触れたように、赤松氏惣領家は事実上滅亡し、そのなかで生き残ったのは、義雅の遺児である時勝のみであった。時勝は嘉吉の乱後、どのような運命をたどったのであろうか。その点を記録する一次史料はないものの、後世に成立した『赤松盛衰記』によって、その概要をうかがうことができる。

『赤松盛衰記』によると、嘉吉の乱後、時勝は建仁寺（京都市東山区）の僧侶・天隠《てんいん》龍沢《りゅうたく》の縁を頼ったという。そして、義雅の側室が三条公綱《きんつな》の息女であったため、公綱の所領である近江国浅井郡丁野村《よおのむら》（滋賀県長浜市）へ逃れることとなった。時勝は同地で出家して「性存《しょうそん》」と名乗り、成願寺という時宗の寺に入寺したとする。

天隠龍沢は、建仁寺大昌院の徒弟であり、臨済宗の僧侶として知られていた。天隠龍沢が時勝を助けた理由は、亡くなった赤松義雅が禅宗に帰依しており、その師が同じく宝洲《ほうしゅう》という人物であったからだといわれている。

ところで、『東浅井郡志《ひがしあざいぐんし》』（一九二七年）は三条公綱の所領に丁野がなく、坂田郡の加田荘（滋賀県長浜市）であると指摘している。したがって、公綱を頼って丁野村に逃れたという説は、疑問が残るところである。

ただ、天隠龍沢が時勝を匿っているのは、『天隠略伝』『東山塔頭《たっちゅう》略伝』に記載があるので、ほぼ間違いない。

以上の点から、高坂好氏が推測されているように、義雅の側室は公綱の娘ではなく、三条本家の実量《さねかず》の娘であった可能性もないとはいえないが、あまりに身分差がありすぎて妥当性がない。いずれにしても、赤松氏惣領家の時勝が近江国へ逃れ、細々と命脈を保ったのは事実であろう。

このような状況下において、苦境に立たされたのは、言うまでもなく赤松氏旧臣たちである。頼るべき主を失った赤松氏は、播磨に散在する所領を山名氏に奪われ、各地を放浪する牢人に過ぎなかった。現状を打破するには、赤松氏の再興以外に道はなかった。

赤松氏が変に関与する理由は、まさしくこの一点に尽きることになろう。

ただ、何の展望もなく赤松氏再興の動きを見せても、自滅する可能性が高い。仮に、禁闕の変へ参画したとするならば、幕府の重要人物から持ちかけられたものであり、成功した暁には、少なくとも赤松氏再興が条件として示されたはずである。

変への参画を具体的に持ちかけたのは、誰であろうか。

少なくとも、山名持豊ではないだろう。理由は、嘉吉の乱で真っ先に赤松氏を討伐したのが山名氏であり、後に赤松氏旧領国を接収したからである。変を鎮めようとした畠山持国の可能性も、もちろんない。

そのように考えると、山名氏と姻戚関係を持ったとはいえ、もっとも可能性が高いのは、細川持賢であると考えられる。

すでに述べたとおり、細川氏は畠山氏と加賀国守護富樫氏の家督継承問題で対立しており、義教暗殺後における畠山持国の台頭を脅威に感じていたはずである。そうであるならば、持賢が何らかの条件を示して、赤松氏旧臣を変に参加させたとは考えられないだろうか。そのときに示された条件が、赤松氏再興であることは疑いないが、当然どこの守護職を与えるかが問題となる。

旧領の播磨は山名氏領国となったため難しいので、係争の地であった加賀国が対象となった可能性が高い。そこで一気に、加賀国守護富樫氏の家督継承問題の解決を図ろうとしたのではないか。このことは、後に起こった長禄の変と密接に関係する。

なぜ神璽なのか

変の首謀者が奪ったのは、天皇のシンボルともいえる三種神器であった。

神鏡については、早くから持ち出されており、無事であったことはすでに触れたとおりである。実際に奪われたのは宝剣と神璽であったが、なぜか宝剣のみが清水寺に放置されていた。神璽のみが持ち出された理由について、考えることにしよう。

宝剣に関しては、第一章で述べたとおり、本物は壇ノ浦の海中深く沈んでおり、代用品が用いられていた。したがって、三種神器のなかでは、古来の姿を留めていないことになる。その点において、他の二つの神器よりも価値が劣る(と考えられていた)といえよう。

当時は、代用品の宝剣を宝剣そのものと信じることが必要であったが、以後の記録では、しきりに宝剣が海中に没したとの記載が多くなる。後世の人にとって、宝剣は「代用品である」との認識が強く、他の二種よりも価値が下がると考えられていたように思う。

ところで、後南朝一党が内裏を襲撃した際、後花園が「昼御座御剣《ひのおましのぎょけん》」をとっさに携えたことに注目したい。もちろん、後花園は武器として「昼御座御剣」を手にしたのではないであろう。くりかえしになるが、「昼御座御剣」とは、「天皇の玉体の奉護のために、昼御座に備え置かれる剣」のことである。

安徳天皇の代に宝剣が失われてしばらくの間、その代わりに使用されていたのが、「昼御座御剣」であったことを思い出してほしい。つまり、「昼御座御剣」は宝剣の喪失を契機として、宝剣の代用品になりうるという観念(あるいは前例)が成り立ったのではないかと推測される。

例えば、貞治《じょうじ》五年（一三六六）八月二十四日、後光厳天皇が方違《かたたがえ》のために行幸した際、北朝には宝剣がなかったため、「昼御座御剣」を携行している。これについては、すでに鎌倉時代に前例があるので、全く問題とされていない。この事実は、「昼御座御剣」が宝剣の代わりとなることを端的に示していよう。

こうした過去の前例を考慮すると、後南朝一党が宝剣を清水寺に放置した理由の一端を示していると思う。加えて言うならば、宝剣は神璽よりもめだったであろうから、持ち運びに不便さがあったと考えられる。幕府の追討を逃れるには、宝剣よりも神璽の方が都合が良かったのであろう。

神鏡焼損の歴史

もう一つの重要な理由として、歴史的に神璽だけは無傷で伝わったという事実がある。

宝剣のように紛失までには至らずとも、もう一つの神器である神鏡には悲惨な歴史があった。神鏡は、過去に三回も焼損したのである。次に、神鏡焼損の歴史を列挙しておこう。

一回目は、天徳四年（九六〇）九月のことであった。二十三日の夜、内裏に火災が発生し、内侍所に納めていた「太刀《たいと》契《けい》（百済伝来の宝器）等」が焼亡したと伝える。この「等」のなかには、神鏡が含まれたというのが通説である。ちなみに、宝剣と神璽は、いち早く脱出していた（以上『扶桑略記《ふそうりゃくき》』）。

翌日になって探索してみると鏡が発見され、小さな傷があったものの、無事であったという。このことは、当時不思議なこととして伝わった。鎌倉中期に成立した説話集『古今著聞集《ここんちょもんじゅう》』には、神鏡が火を避けるために飛んで、紫《し》宸殿《しんでん》の桜の木にかかっていたとの記述がある。

実際にはそのようなことはなかったのであろうが、神鏡の神秘性や不滅性を強調したかったものと推測される。

二回目は、寛弘《かんこう》二年（一〇〇五）十一月のことであった。『古今著聞集』には、神鏡にあまりダメージがないように伝わっているが、実際はそうではなかったらしい。『日本紀略』や『御《み》堂関白記《どうかんぱくき》』によると、焼損の度合いが大きかった様子がうかがえる。とりあえずは、破損した神鏡を新しい辛櫃へ収め、改鋳を検討したが、小蛇が出現したため神威を恐れ、そのまま奉斎したという。

三回目は、長暦《ちょうりゃく》四年（一〇四〇）九月のことである。このときは、さすがの神鏡も原形を失うほどのダメージを受け、金色の玉二つほどが焼け跡から発見された。もはや、その金色の玉が、もとの神鏡であったかどうかさえも疑わしいほどである。

以上のとおり、神鏡については原形を留めることなく、その存在が疑わしく思えるほどである。そこまで大きく焼損していても、神鏡はその価値を失わなかったのである。

こうした神鏡や宝剣の過去の来歴から、小槻晴富の『続神皇正統記』では、神代以来神璽だけは無傷であったことを強調している。後世においても、その点は十分に認識されていたのであろう。

また、神璽には「王のしるし」との意味があり、他の二種の神器よりも、重要な位置を占めていたと考えられる。その点においても、持ち出した宝剣よりも価値が高かったと推測される。

後南朝一党が神璽のみを持ち出した理由を考えてみると、おおむね次のようになろうかと推測される。

（1）神璽のみが当初の原形を留めており、代用可能な宝剣よりも価値があった。

（2）逃亡の際には、宝剣よりも神璽の方がめだたず、携行に便利であった。

(3) 神璽には王のしるしの意味が込められており、重要な意味を持っていた。

いろいろと神璽が持ち出された理由を検討してみたが、正直なところ、とっさの判断を求められたため、実情は(2)でなかったかと推測される。附随して、(1)(3)が理由として考えられたのではないか。

神璽を持ち出したことは、後南朝勢力の大きな力となったのは事実である。禁闕の変後の十月には、東寺(京都市南区)に対して神璽出現の祈禱が行われている。朝廷にとって三種神器の一つの神璽を奪われたのは、痛恨の極みだったのである。

有力守護の確執

禁闕の変は、『看聞日記』に「天下大乱、言語道断の次第」とあるとおり、とてつもない大事件であった。ただし、単に後南朝一党が復興を期して、三種神器を奪おうとしたという視点だけでは、捉えられないだろう。

今までに述べた点を踏まえて、変の基本的な性格を検討してみたいと思う。

禁闕の変勃発の大きな要因は、幕府内における有力守護同士の確執であると考えられる。かつて足利義教が将軍権力の専制化を打ち出し、各地の守護を圧迫したことは、すでに触れたところである。

しかし、義教没後は、復権した諸大名や山名・細川らの有力守護が、政治の主導権を握った。そうしたなかで、復活した畠山持国は、管領としてのキャリアがあり、重鎮としての存在感があった。それゆえに、新将軍義政が幼少であった事情も手伝って、実質的に主導権を握ったのは、管領に就任した持国であった。

有力守護の一角を占めていた細川氏・山名氏は、持国の存在を苦々しく思っていたはずである。この間、加賀国守護職をめぐって両陣営が富樫氏の家督争いに介入したことは、すでに触れたとおりである。

そのような状況下で、細川氏・山名氏が直接手を下すのではなく、当時危殆《きたい》に瀕していた不満分子を活用するという手法が取られたのではないだろうか。つまり、大名間紛争の解決手段として変が仕組まれた可能性がある、ということである。

不満分子とは、義教の時代に処罰を受けた武家・公家たちである。もちろん、断絶を迫られた後南朝の一党や嘉吉の乱で滅びた赤松氏なども含まれる。変が勃発した背景には、義教時代の積み重なった負の遺産があったことを見逃してはならない。

後南朝に関しては、小倉宮が重病に伏しており、残る皇胤についても、出家等によって日の目を見ない状況であった。日野氏についても、幕府に対する怨恨があった。

赤松氏は当主を失い、旧臣らは各地をさまよっていた事情がある。

不満分子は、何らかの方法で世に出る機会をうかがっていたはずである。これ以外にも、紀伊国の奉公・衆玉置氏のように、現地で畠山氏と対立する勢力もあった。

こうした不満分子を取り入れ、細川氏・山名氏が打倒畠山氏を画策したのが、この変の本質ではなかったかと考えられる。準備が周到であったのは、実際に警護に馳せ参じたのが畠山氏周辺の者に限られており、多くの守護らが無視していた点からも看取される。

ところが、公家衆の一部が加担していたことも重要である。かつて義教時代に虐げられた公家衆らが結束していた証左と推測され、日野氏は、その代表といえる。

しかし、噂が知れ渡り、後南朝一党が急遽目標を三種神器に変更して、奪ったことは、山名氏・細川氏にとって意外なハプニングではなかったか。後南朝一党は、剣璽を奪うと比叡山へ向かい、それを「臨幸」と称している。二人の皇胤（金蔵主・通蔵主）のもとに神器があったため、すでに「天皇」の要件を満たしていることを強調したのであろう。

あくまで推測に過ぎないが、山名氏・細川氏の本来の目的は、何らかの形で畠山氏を失脚させ、主導権を握ることにあった。いうなれば、後南朝一党などは、山名氏・

細川氏の目的達成のための「駒」に過ぎなかったのである。不満分子の復活は、新たな秩序の元で行われる予定だったのであろう。

その際、赤松氏にはどこかの国の守護職を宛てがい、日野氏や後南朝そして山名氏・細川氏に与する武家・公家についても、何らかの処遇がなされたはずである。そして、ある程度の具体的な案も提示されたことであろう。

そうでなければ、後南朝一党にしろ、赤松氏にしろ、このような大きな賭けには出られなかったはずである。

つまり、禁闕の変とは、単なる後南朝一党など不満分子の突発的な反乱ではなく、山名氏・細川氏らのある程度周到な計画のもとに実行されたものではないだろうかと考えられるのである。

場合によっては、彼らが倒幕をも含めた新秩序の確立をも目論んでいた可能性があったといえよう。

第五章

長禄の変——神璽奪還と赤松氏再興

南朝皇胤の出奔

神璽を強奪した後南朝の動向は、その後どのような状況にあったのであろうか。禁闕の変の翌年の文安《ぶんあん》元年（一四四四）七月、紀伊国の北山というところで、南方つまり後南朝が旗揚げをしたとの情報が流れている（『康富記』）。北山とは、現在の奈良県上北山村・下北山村のことであり、和歌山県と境を接している地域にある。

同じく『康富記』によると、この事実は熊野本宮から検校《けんぎょう》聖護院宮《しょうごいんのみや》に伝えられており、その首謀者が「上野宮《うえののみや》」部類（仲間などの意）かと推測されている。「上野宮」についてはその動向に不明な点が多く、系譜すら判然としない。あえて「部類」という言葉を使用しているところを見ると、朝廷や幕府もその実態を把握しかねていたのであろうと考えられる。

かつて南朝の拠点が吉野にあったことを考え合わせてみると、さらに本拠を南下させており、その勢力はかなりの衰えを見せていたといってもよい。南朝皇胤の実態すら十分に把握されていないところを見ると、もはや北朝への対抗勢力として、十分な態勢を整えていなかったのではないか。しかし、文安年間になると、後南朝勢力は活発な動きを見せることになる。

文安四年（一四四七）十二月、後南朝一党は紀伊国で旗揚げしたが、まもなく同国守護・畠山持国《もちくに》に討伐されている。その際、「南方宮方」の首が討ち取られ、その翌年に京都に運ばれた。その人物とは、護聖院宮《ごしょういんのみや》に連なる、円胤《えんいん》または円悟《えんご》のいずれかであったと考えられている。二人とも天台宗円満院門跡であった。

護聖院宮は反抗する姿勢を見せることなく、現体制に安住していた。禁闕の変における金蔵主・通蔵主兄弟と同様に、円胤または円悟のいずれかが後南朝勢力に与同したところを見ると、彼らの周囲に何らかの危機的な状況が生じていたのかもしれない。

討ち取られた宮の首に関しては、関白一条兼良《いちじょうかねら》の意見によって、獄門として晒されることなく、検非違使に渡されることになった。首は幕府の手によらず、公家らによって実検（確認作業）されたのである。この点については、宮方であるがゆえに、首に対しても敬意が払われたのであろう。

そのような状況にもかかわらず、京都に住する南朝皇胤の出奔はつづいた。享徳《きょうとく》四年（一四五五）二月、相国寺慶雲院主《けいうんいんしゅ》・梵勝《ぼんしょう》蔵主とその弟梵仲侍者《ぼんちゅうじしゃ》が逐電している（『康富記』）。「行方を知らず」あるいは「子細を知らず」とあるので、決して後南朝一党に走ったようではない。

この兄弟は、長慶天皇の皇子である玉川宮《たまがわのみや》の流れを汲んでいる。玉川宮は、護聖院宮と同様に、すっかり新しい体制に順応していた。おそらく、度重なる後南朝勢力の挙兵と討伐によって、兄弟は身の危険を感じていたのでないだろうか。

少なくとも十五世紀半ばに至って、南朝皇胤に対する扱いが、悪い方向に向かっていたのではないかと推測される。

このように、後南朝一党は紀伊国と大和国の境で挙兵を試みたものの、決してよい成果を得られたわけではない。それどころか、ますます苦境に立たされている印象がある。加えて、その危機は京都で僧侶として生活を送っていた、南朝皇胤にも及んでいた。

この頃になると、後南朝一党が何を目論んでいたのか判然としない。かつて支援を惜しまなかった武家勢力の存在も見られない。そのような状況下にあっても、後南朝一党には南朝皇胤を擁していること、そして三種神器の一つである神璽を保持していることが、ほとんど唯一の存在意義だった。

「一天無双の才」一条兼良の集大成

禁闕の変が起こった嘉吉三年（一四四三）以降、長禄《ちょうろく》の変によって神璽を取り戻す長禄二年（一四五八）までのほぼ十五年間、朝廷には神璽不在という期間が生じていた。

この間、神璽がないことで不都合が生じたとの記録がなかなか見当たらない。その鍵を握るのは、当時第一級の知識人として知られていた一条兼良とその著『日本書紀纂疏《さんそ》』の存在ではないだろうか。以下、その点について、砥山洸一氏、二藤京氏の研究にもとづき、検討することとしたい。

まず、触れておかねばならないのが、一条兼良のことである。兼良が生まれた一条家は、五摂家の一つであり、貴族のなかでは名門中の名門であった。

応永九年（一四〇二）五月、兼良は関白・一条経嗣《つねつぐ》の子として誕生した。名門の家柄であるため出世は早く、永享二年（一四三〇）には二十九歳で氏長者《うじのちょうじゃ》となる。その後も政治的な動向に左右されつつも、太政大臣、関白、摂政などを歴任した。

時代は戦国の世に向かう時期でもあったため、晩年は子の興福寺大乗院・尋尊《じんそん》のもとに疎開するなど、苦労が絶えなかった。文明十三年（一四八一）四月、病気で亡くなり、東福寺（京都市東区）に葬られている。

兼良は、政治家としての側面よりも、むしろ古典学・有職故実《ゆうそくこじつ》の第一人者であったことが見逃せない。当時、兼良が「五百年来この才学なし」あるいは「二天無双の才」と賞賛され、自らもその才能を認めていたことは、周知のことである。もちろん、その博識な学問と多数の著書がそれを証明していることは、いうまでもない。

兼良が携わった学問分野は、非常に多岐にわたる。その分野と著書の一部をあげると、有職故実（『公事根源《くじこんげん》』など）、古典学（『花鳥余情《かちょうよじょう》』など）、歌学（『歌林良材集《かりんりょうざいしゅう》』など）、帝王学（『樵談治要《しょうだんちよう》』など）、仏教学（『勧修念仏記《かんじゅねんぶつき》』など）等が知られている。この他にも、『藤河の記《ふじかわ》』といった紀行文を残している。

そのなかでも、兼良の古典学の集大成の一つである『日本書紀纂疏《さんそ》』は、重要な著作の一つである。『日本書紀纂疏』とは、『日本書紀』神代《じんだい》巻の注釈書であり、成立年は不詳とされているが、おおむね一四五五〜五七年の間に成ったものと考えられている。

その主張するところは、神・儒・仏三教の融合にある。後に、儒学者の清原宣賢《きよはらのぶかた》が『日本書紀神代巻抄』を著すが、そこにも大きな影響を与えた。『日本書紀纂疏』の最古の写本は、兼良自筆本を宣賢が写しており、現在天理大学附属天理図書館の蔵本となっている。日本の中世思想史や国文学の分野において、研究の対象として取り上げられることも多い。

天皇の存在基盤

南北朝期の争乱以降、宮中に三種神器がないことは常態化していた。そうしたなかで、二条良基《にじょうよしもと》が述べる「三種神器は天下のどこかにあれば問題はなく、正しい政治を行うことが肝要である」との言説が正統化されていた。

では、兼良は『日本書紀纂疏』において、いかなる三種神器論を展開したのであろうか。兼良の神器論は複雑多岐にわたるが、その要点を示すと次のようになろう。

（1）統治者（天皇）にはそもそも徳が備わっており、三種神器は具体的に形となった末梢に過ぎない。
（2）ゆえに、三種神器を軽視することはないが、格別必要ともしない。
（3）三種神器のなかでは神鏡が重要であり、神鏡には宝剣と神璽が包摂されるものである。

もう少し説明を加えておこう。まず（1）については、北畠親房が『神皇正統記』のなかで、徳の本質を三種神器に見出し、重要視するものと全く対照的である。親房が三種神器を重要視したのは、後醍醐が京都を脱出した際に持ち出され、皇位の正統性を主張したことと関係がある。

次に、（2）は兼良の主張の延長線上に、先の二条良基説を継承するものであると考えてよい。そして、（3）は禁闕の変で、後花園が神鏡をいち早く持ち出したことと関係が深いと考えられる。従来は、三種神器のなかで唯一神璽が無傷で重んじられてきた。したがって、兼良の三種神器の解釈は、現朝廷寄りの独特なものがある。

ところが、兼良の『日本書紀纂疏』成立の背景を探ってみると、意外なことが指摘されている。それは、『日本書紀纂疏』が諸史料（『神祇雑々』『卜部家系譜』）の記述によって、内裏における『日本書紀』の講義がベースになっていることが判明したのである。

兼良が内裏で『日本書紀』の講義を行ったことは、『大乗院寺社雑事記《だいじょういんじしゃぞうじき》』康正《こうしょう》三年（一四五七）六月三十日、九月二十二日の各条に見られる。

残念ながら、内裏でどのような講義が行われたかは、その詳細を明らかにできない。しかし、神璽が存在しないという現状において、神鏡の重要性が指摘され、天皇の存在基盤を三種神器によらない兼良の説は、何らかの安堵感をもたらしたことであろう。それも当代随一の学者のお墨つきである。

禁闕の変で神璽を失ったことは、朝廷にとって痛恨の極みであったが、かつて二条良基が提唱した説に拠って、神器不在の不安や欠落感は緩和されていたと推測される。さらに、兼良が独自の神器観を披露したことにより、「神器が欠けていても正統性が保証される」との理念を確立したと思われる。

この頃には、三種神器を重要視するより、むしろ欠けていても正統性が確保される理論構築に重きが置かれたのであろう。その点において、兼良が果たした役割は大きいといえる。

赤松氏再興の悲願と中央政局

嘉吉の乱後、赤松氏一族が次々と討伐されたことは、第三章においてすでに述べた。惣領家が討伐されたことにより、赤松氏旧臣らは牢人となった。彼らが主家再興を念願したことは、容易に想像できる。

とはいえ、実態は彼らの要望どおりには、決して進まなかった。特に、頼りとする赤松大河内家の満政が山名氏に討たれたことは、大きな痛手であったであろう。だが、ここで中央政局のひずみから、赤松氏旧臣にもわずかながら一筋の光明が差すことになる。その頼みの綱が、赤松則尚《のりひさ》であった。則尚の動向について、もう少し触れることにしよう。

山名持豊は赤松満政を滅ぼすと、播磨国内の三郡を接収し、一国すべてを支配下に収めることとなった。赤松氏旧領国であった播磨・備前・美作を吸収し、もともとの領国であった但馬・因幡等を含めると、山名氏一族だけで相当な数の守護職を保有していたことになる。

山名氏が赤松氏旧領国で展開した支配はきわめて苛烈なものであり、領民が苦しんでいた様子をうかがうことができる。それにもまして、周囲から手厳しく批判されたのが、持豊の態度であった。一族の繁栄を背景とした持豊の傲岸不遜《ごうがんふそん》な態度は、盟友である細川氏はおろか将軍家の不興を買うことになる。

この間、細川氏と山名氏の共通の敵でもあった畠山持国は、後継者を巡る御家騒動で奔走していた。当初、持国は養子として弥三郎を迎え、家督を継がせようとしていたが、持国の妾が義就《よしなり》を産むと、どうしても実子の義就に家督を譲りたくなった。必然的に、弥三郎と義就は対立する。

その際、細川氏と山名氏が取った態度は、畠山弥三郎の支援であった。彼らが持国を追い落とそうとしたことは、明確である。やがて、将軍・義政によって、弥三郎が畠山氏の家督を継ぐことが決定された。

しかし、その後も混乱がつづき、畠山家内では家督継承を巡って、弥三郎派と義就派とに分立し、争いがつづくことになる。そのような状況下で、享徳四年（一四五五）に持国は失意のうちに没した。

管領として権勢を振るっていた持国が亡くなると、権力の中枢に残ったのは、細川氏と山名氏になった。両者は縁戚関係にありながらも、徐々に対立を深めていく。

そのきっかけを作ったのが、細川家一門の成之《しげゆき》である。成之は持常《もちつね》の甥であったが養子となり、宝徳《ほうとく》元年（一四四九）の持常没後、阿波国などの守護になった。享徳《きょうとく》三年（一四五四）、成之は強大化する山名氏一門の勢力拡大を恐れ、赤松満祐の甥である則尚を幕府に出仕させるように運動したのである。

これに対して義政は、早速則尚を幕府に出仕させると、播磨・摂津などに所領を与えた。播磨はすでに山名持豊の領国となっていたので、持豊は則尚の出仕に怒りを露《あらわ》にし、義政への不満を強めた。成之はこの事実を義政に告げ口し、ついに持豊の追討を決意させる。

この時点で、細川勝元は縁戚関係にある持豊を支援する姿勢を見せる。結局、持豊の討伐は勝元の協力を得られず、頓挫することとなった。事件後、持豊は但馬国へ隠居し、子息教豊《のりとよ》に家督を譲っている。

その翌年、持豊は隠居生活にピリオドを打ち、突如として播磨国へ攻め込み、則尚を備前国へ追い詰め討伐した。一連の持豊の軍事行動により、勝元は持豊への脅威を感じたことであろう。そこで、改めて強大化した山名氏への牽制策を考えざるをえなくなり、そのことが長禄の変に大きく関わってくるのである。

神璽奪還のキーマン

則尚の討伐後、赤松氏旧臣たちは、赤松氏再興策を検討していた。その最も中心的な人物の一人が、赤松氏旧臣の石見《いわみ》氏である。では、石見氏とは、一体いかなる人物なのであろうか。

石見氏に関する史料は限られており、『看聞日記』応永二十六年（一四一九）十一月二十四日条に赤松氏の使者として「石見新左衛門」の名前が見える程度である。少なくとも、石見氏は赤松氏の配下にあったのであろう。

石見氏の出自に関しては不明な点も多いが、現在の兵庫県たつの市御津町《みつちょう》岩見をその出自とする土豪クラスと考えられる。同所は、播磨国守護代所が所在したところであり、決して無縁な土地柄ではない。

『赤松盛衰記』によると、石見氏は赤松一家衆に名を連ねており、嘉吉の乱では城山城に籠城した人物として「石見太郎左衛門」の名前があがっている。同史料の別の箇所では、加古郡石守城主として、石見小五郎常晴の名前が登場するが、両者の関係は不明である。

東福寺霊隠軒《れいいんけん》軒主・太極《たいぎょく》の日記である『碧山日録《へきざんにちろく》』の長禄三年（一四五九）十一月二十四日条では、石見太郎（左衛門）が赤松氏の家客であったとする。家客とは、客分程度の意味になろうかと指摘されている。

他の嘉吉の乱関係軍記に目を転じてみても、石見氏は赤松氏サイドで従軍していたことが記述されている。もちろん、軍記物語という史料の性質があるので、すべてを無批判に信用できない。しかし、少なくとも石見氏が赤松氏の配下にあって、嘉吉の乱で幕府を相手に籠城したことは信じてもよいのではないか。

一見して赤松氏被官人のなかでも、そうめだたない存在であった石見氏であったが、後南朝からの神璽奪還のキーマンになるのである。

そのことを示しているのが、『赤松記』『南方御退治条々』『赤松盛衰記』の諸史料である。以下、その概要を詳しく述べることとしよう。

細川勝元の意向

『赤松記』によると、赤松氏旧臣らは内大臣・三条実量《さねかず》配下の石見太郎左衛門と語らい、後花園天皇そして将軍・義政への口入を実量へ依頼し、赤松氏再興つまり政則（満祐の弟義雅の孫）の出仕を求めた。

『赤松盛衰記』においても、石見太郎左衛門が赤松氏滅亡後に実量に仕えており、赤松氏再興を実量に願ったとの記述がある。現実には播磨など三ヵ国がすでに山名氏に渡っており、旧領国を安堵することは難しい。

そこで、神璽を奪った後南朝一党を討ち果たし、神璽を奪還すれば、安堵も叶うであろうという結論に至った。実量は、後花園と義政の了解を取りつけ、赤松氏旧臣は神璽奪還の任務を帯びることになった。

『赤松記』には、安堵に関する詳しい内容が記されていない。『赤松盛衰記』も同様であり、命令に将軍の名はなく、勅命つまり天皇の命令となっている。

その点で、『南方御退治条々』の記述は、かなり具体的である。将軍から下された御内書《ごないしょ》には、次のような条件が示されていた。

（1）加賀国半国守護（河北《かほく》・石河《いしかわ》両郡・富樫成春《とがししげはる》跡）

（2）備前国新田荘《にゅうた》（岡山県備前市）、出雲国宇賀荘（島根県安来市）、伊勢国高宮保（三重県鈴鹿市）など

以上は、播磨国など赤松氏旧領国の替地として、与えられようとしたものである。

この恩賞の地は、決して適当に選択して与えようとしたわけではない。加賀国半国（河北・石河両郡）は、富樫成春が守護となっていた。

かつて、富樫氏が家督を巡って争乱となった際、泰高《やすたか》を支援したのが細川勝元であり、教家《のりいえ》（成春父）を支援したのが畠山持国であった。

この事実を考慮するならば、赤松政則に加賀国半国守護を与えようとしたことは、富樫泰高の支援を掲げる細川勝元による策謀であったと考えられる。つまり、教家の後継者である成春を加賀国半国守護から除くことにより、畠山氏の勢力を削減することを意図したものであろう。

要するに、政則は加賀・越中・能登に基盤を置く、畠山氏に対する楔《くさび》として位置づけられたのである。

このように考えてみると、石見太郎左衛門が三条実量を通じて、天皇と将軍に神璽奪還を持ちかけたという通説には若干の疑問が残る。天皇や将軍の意向というよりも、むしろ富樫成春を除くための勝元の意向が強く、勝元が将軍・義政に提案したのではないだろうか。綸旨はいうなれば、後付け的な要素が多分にあったと考えられる。

加えて、赤松氏が復活することは、山名氏に対する圧迫にも繋がる。事実、備前国新田荘を赤松氏に与えたことは、後に山名氏との間で大きなトラブルとなり、つまり、山名氏牽制策の一つともなりえたわけである。同じく、赤松氏の加賀国半国への入部も富樫氏の反抗に遭い、大きな困難を伴っている。

先にも触れたとおり、三種神器を欠いても天皇の正統性が保たれることは、一条兼良によって理論的な構築がなされている。禁闕の変以後、三種神器がないことによって、さまざまな支障が出たとの記録もほとんど見当たらない。

そう考えると、神璽奪還に関する天皇の意向というものは、ことさらなかったのではないかとさえ推測される。神璽奪還は、天皇=朝廷の要求ではなく、むしろ細川勝元の意向を色濃く反映した、政治的な意味が大きかったのである。

以上の出来事は、康正二年（一四五六）のことであったと考えられるが、同年の末には早速神璽奪還の行動が開始される。

後南朝勢力のなかへ

ここでは、長禄の変の顚末を記録した『南方御退治条々』を主たる史料として、神璽奪還の作戦を確認することにしよう。『南方御退治条々』とは、「上月《こうづき》文書」中に含まれる史料で、文明十年（一四七八）八月に成立したものである。

同書は、実際に長禄の変に参加した赤松氏の一族・上月満吉《こうづきみつよし》の手になるもので、内容は十分信用に足るものと考えてよい。その執筆動機とは、「末代の証拠」のために、変に関わった生き残りの満吉が書き残そうとしたのである。赤松氏に対する上月氏の貢献度について、記録を残そうとしたのであろう。

赤松氏旧臣らが吉野へ向かったのは、康正二年（一四五六）十二月二十日のことである。これより遡ること一ヵ月前、南方宮が吉野で蜂起したため、義政は大和興福寺（奈良市）などに対して、軍勢催促を行っている。

そのような背景のもと、上月満吉、間島彦太郎《ましまひこたろう》を主要メンバーとする総勢二十数名が、神璽奪還に従事することとなった。しかし、彼らは決して、正面から「後南朝討伐、神璽奪還」を掲げて吉野へ向かったのではない。

『赤松記』には、その攻略法について、次のように記されている。

吉野殿（後南朝）を攻略する作戦として、「赤松氏牢人はどこにも仕えるところがなく、これ以上辛抱することもできないので、吉野殿（後南朝）を頼り吉野へ参上することとした。赤松氏牢人が一味して、都を攻め落とし、ぜひ御供したい」と申し入れると、吉野殿（後南朝）は同心するとのことであった。

要するに、赤松氏は味方になることを装って、後南朝に接近したのである。幕府や朝廷は、赤松氏に対する全面的なバックアップ、つまり軍勢などの差配はしなかったのであろう。赤松氏旧臣は、少人数で戦うために、必然的に効率的な手法を考えざるをえなくなる。

したがって、赤松氏旧臣は、嘉吉の乱で浪々の身になったことを強みにして、後南朝勢力に擦り寄ったのである。この作戦は功を奏したのか、赤松氏旧臣は後南朝のなかに潜り込むことに成功する。

ところが、赤松氏旧臣内部では、十分に意見統一ができていなかったようである。『赤松記』によると、「さて大勢は御隔心（打ち解けない心）なれば、夜討に入べき人数をすぐり」とあるように、なかには後南朝の討伐に躊躇する者がいたことをうかがわせる。

事実、『南方御退治条々』には、赤松氏旧臣から「返忠」つまり裏切る者も存在したと記されている。家再興のためとはいえ、皇胤を討つということには、赤松氏内部でも一致した見解を見なかったのであろう。そのために、メンバーを選りすぐる必要が生じたのである。

それでも、神璽奪還は悲壮な覚悟のもとで行われた。満吉は吉野に入山する約一ヵ月前には、娘五々に対して譲状を残している（「上月文書」）。
内容を要約すると、朝廷と幕府の命により吉野へ向かい、本意（神璽奪還）を達したいこと、そのためにはふたたび帰ることができない覚悟があることを綴っている。
後南朝サイドの警戒心を解くには、困難が伴った。中村弾正忠《だんじょうのちゅう》貞友《さだとも》の被官人・小谷与次は、「忠阿弥」と号し、人目をくらましながら何度も御息所《みやすどころ》（天皇の休息所）を訪ねた。いくたびか事情を話すうちに、ようやく後南朝が擁立する皇胤、一宮（自天王）・二宮（忠義王）の兄弟も態度を和らげたという。後南朝に近づくだけでも、相当な苦労があったのである。

　この頃の後南朝は、どのような状況にあったのであろうか。もう少し補足説明しておこう。

『南方御退治条々』には、一宮が吉野奥北山、二宮が同じく河野郷にいたことを記しているが、もはや南朝皇胤のどの系譜に連なっているか判然としない。彼らが現在の吉野郡上北山村、川上村を本拠としていたことは、疑いないところである。

　残念なことに、二人の宮を支える勢力がいかなるものかわからない。その規模や組織などについては、いっさいが不明である。おそらく、大和国の土豪らがその中心となり、二人の宮を戴いたのであろう。後南朝の挙兵の風聞は伝わっていたので、それなりの規模ではなかったかと推測される。
次に、赤松氏旧臣による神璽奪還の様子を見ることにしよう。

郷民らによる反撃

神璽奪還の過程に関しては、『南方御退治条々』のほかに、『経覚私要抄《きょうがくしようしょう》』や『大乗院寺社雑事記』にも詳しい記事がある。以下、そうした史料にもとづき、述べることにしよう。

赤松氏旧臣が神璽奪還を実行に移すのは、長禄元年（一四五七）十二月二日の子《ね》の刻（午前零時頃）のことであった。大雪が降る寒い夜であったと伝えている。

この間、赤松氏旧臣らは後南朝一党に取り入って、何とか彼らの信頼を勝ち取ることに成功したのであろう。後南朝一党にすれば、まさか彼らが神璽を狙っているとは、まったく思っていなかったに違いない。

赤松氏旧臣の丹生屋《にうのや》帯刀《たてわき》左衛門、同四郎左衛門兄弟は、北山へ忍び込むと、兄の帯刀が一宮の首を討ち取った。そして、内裏に押し入ると、神璽奪還に成功したのであるが、そこからそう簡単にことは運ばなかった。

この動きを察知した吉野の郷民らは、あとから丹生屋兄弟を追いかけ、一宮の首と神璽を取り戻した。そして、伯母谷というところで、丹生屋兄弟を討ち取ったのである。

ほぼ同じ頃、河野郷においては、赤松氏旧臣らによって二宮も首を討ち取られた。討ち取った面々は、間島彦太郎、上月満吉、中村貞友そして貞友の被官人で後南朝に潜り込んだ小谷与次など八名である。

このとき、二宮の首を取ったのは上月満吉であったが、一緒に乱入した中村貞友はその首を運ぶ途中で、吉野の郷民に襲撃され、討ち取られている。約一年の入念な準備期間をかけ、いったんは神璽奪還に成功したものの、後南朝を支援する郷民らの反撃もあって、失敗に終わったというべきであろう。

ここで巻き返しを図ったのが、小寺藤兵衛入道《こでらとうべえにゅうどう》である。小寺氏は赤松氏旧臣のなかでも家格が高く、かつては備前国守護代を務めた家柄でもあった。

ところが、さすがに小寺氏単独では、限界もあったのであろう。大和国などの地理などにも不案内であったろうし、人脈もなかったと考えられる。そこで、小寺氏に協力した勢力が、大和国の越智家栄《おちいえひで》と小川弘光《おがわひろみつ》の両人である。次に、両氏の出自等について、簡単に触れておきたいと思う。

越智氏については、伊予《いよ》国越智氏または河野氏の系譜を引くとする説もあるが、大和源氏を出自とする説が有力である。鎌倉期には、大和南部を基盤とする越智党の源流が完成したと言われている。

越智氏は、南北朝期を通して南朝方で活躍し、大和国にその勢力基盤を築いた。正長二年（一四二九）には、大和永享の乱で畠山持国の支援を受け、細川持之の支援を受けた筒井氏に対抗した。大和における有力な勢力の一つである。

一時期、越智氏は筒井氏を攻略したものの、永享七年（一四三五）の多武峰《とうのみね》の戦いで幕府軍・筒井軍に敗れ、いったんは没落することとなった。しかし、畠山持国は越智氏の支援をつづけ、断絶した越智氏の家督を家栄に継承させた。つまり、越智氏は畠山氏をバックにして再興がかなったことになる。

一方の小川氏は、吉野郡小川郷を本拠とする土豪であり、丹生神社（現在の丹生川上神社中社）の神主職を代々務めていた。後に、興福寺大乗院門跡の支配下に入り、国民に列せられている。国民とは、衆徒よりも下位に位置づけられる南大和の国人である。小川氏も在地の有力者であった。

神璽の帰洛

その後、神璽奪還の動きが見えるのは、長禄二年（一四五八）三月のことであった。

小川氏は南帝の在所に討ち入ると、見事に神璽を奪還したのである。『大乗院寺社雑事記』によると、小川氏は越智氏のもとに神璽を持ってゆき、四月十三日に都に奉る手筈であると伝えている。そのために、大和国の国人・衆徒を動員し、都までの警護を計画しているが、事態は思わぬ方向に展開する。

四月に使いの者が小川氏の在所に向かい、神璽奪還を褒め称え、小川氏に所領を一ヵ所、赤松氏の落人に所領を二ヵ所与えるとの報告が行われた。だが、小川氏はここで神璽を抑留し、都へ献上することを渋ったのである（『大乗院寺社雑事記』）。

困った幕府は、神璽の引き渡しを拒んでいるのはどうやら小川氏であると察し、越智氏を小川氏の説得に当たらせるが、うまくいかない。この混乱の背景には、小川弘光がさまざまな要求をしているという事情があり、一族の小川弘房《ひろふさ》が神璽を抱え込んだことも原因だったようである（『経覚私要抄』）。

そこで、幕府は伊勢国司である北畠教具《のりとも》に依頼し、小川氏の説得に当たらせた。教具は自ら宇陀郡へ向かい、配下の沢氏ら三名も遣わしている。

ところが、小川氏は三名の使がやって来ると武者たちによって追い出し、仮名状をもって「神璽は小川弘房が持ち出し、逐電した」と通達した。五月三十日のことである。先に触れたとおり、小川氏には恩賞が与えられたが、その内容に不満のあったことが大きな要因ではなかったか。

八月二十六日、一転して神璽が都に奉られることが決定した。おそらく、約三ヵ月の間に、小川氏に対する恩賞の件が協議され、合意を得たのであろう。神璽還幸のスケジュールはかなり細かく、同月二十七日に長谷（奈良県桜井市）まで行き、同月二十八日に奈良まで行くというものであった。

八月二十八日、小川一党をはじめ衆徒・国民に警護された神璽は、無事に三十日に帰洛を果たすことができた。警護の人数は、二百数十名に及んだ。彼らは、三宝院天神堂（京都市伏見区）に神璽が運ばれるまで供奉《ぐぶ》を行っている。越智氏が積極的に関わっていないところを見ると、小川氏に花を持たせたというところであろうか。

この過程を見る限り、赤松氏が単独で神璽奪還を行ったというよりも、越智氏・小川氏との協力関係を改めて確認できる。もちろん、地理や周辺地域の事情に精通した両氏の協力は不可欠であった。

彼らが協力した背景には、何らかの理由があったと推測される。ただ、越智氏については、畠山氏の支援により再興を果たした経緯があることから、細川氏が支援した赤松氏との関係はどうだったのか、なお疑問が残るところである。

ところで、無事神璽が戻ってきたにもかかわらず、一人冷めた態度を取る人物がいた。独自の三種神器論を展開した一条兼良である。『大乗院寺社雑事記』長禄二年八月晦日《みそか》条によると、兼良は神璽が戻ってきたにもかかわらず、「無益のことと仰せなり。かくの如き例これなし」と感想を漏らしている。神璽の帰京を素直に喜んでいないのである（砥山洸一「一条兼良の三種神器論をめぐる若干の考察——『日本書紀纂疏』と禁闕・長禄の変」）。

先に触れたように、兼良は三種神器に特段の意義を見出していないように思われる。三種神器を考えるうえで重要なことであるが、これだけの短い記事では、兼良の真意を計りかねるというのが現状である。兼良の冷徹な目には、さほど意義を有しなくなった神璽奪還は、単なる政治的な茶番にしか映らなかったのかもしれない。

赤松氏表舞台へ

神璽奪還を大和国越智氏・小川氏との共同作戦でなしえた赤松氏は、いよいよ恩賞が与えられ、念願の政界復帰を成し遂げることになった。その経過や実態について、触れておくこととしよう。

赤松氏が再興を許され、次郎法師（政則）が幕府への出仕を認められたのは、長禄二年（一四五八）十一月十九日のことである（『蔭凉軒日録《いんりょうけんにちろく》』）。神璽奪還からは、七十日余りを要している。

赤松氏再興の陰には、当時管領として活躍著しい細川勝元の力があった。以後、赤松氏は細川氏の影響のもとで、山名氏との対決姿勢を強めることになる。

赤松氏の出仕によって、旧臣らもその恩恵を蒙ることになった。次郎法師の周辺には、雑掌《ざつしょう》として明石氏・堀氏らが仕えた。後にも触れるが、かつて赤松氏旧臣と称される人びとは、こぞって赤松氏に仕え復活を遂げる。その中心にいたのは、長禄の変で活躍したメンバーであった。

肝心の恩賞であるが、実際に御教書《みぎょうしょ》によって与えられたのは、翌年の長禄三年（一四五九）五月六日のことであった。幕府に出仕が認められてから、さらに半年を要したことになる。

『蔭凉軒日録』によると、与えられたのは加賀国半国と備前国新田荘しか記されていない。当初の約束であった伊勢国高宮保や出雲国宇賀荘は、後に与えられたのであろうと推測される。

しかし、先に触れたとおり、加賀国半国守護は富樫成春の跡職であり、備前国新田荘は同国守護山名氏のもとにあった。つまり、御教書があるからスムーズに入部したわけではなく、むしろ混乱を交えながら実力でもぎ取るしかなかった。

以下、備前国新田荘と加賀国半国守護のケースについて、触れることとしよう。

（一）備前国新田荘

備前国新田荘は、現在の備前市東部を中心とした広大な荘園である。しかも赤松氏と縁の深い土地でもあり、現在兵庫県上郡《かみごおり》町《ちょう》苔縄《こけなわ》にある赤松氏菩提寺の宝林寺《ほうりんじ》は、もともと貞和《じょうわ》元年（一三四五）に新田荘に建立されたものである。

宝林寺は早々に焼失したため、苔縄に再建された。したがって、赤松氏にとって新田荘を得ることは、大きな意義があったと認められる。

新田荘を与えられた赤松氏の喜びとは対照的に、備前国守護である山名氏にとって、苦々しい出来事であったことは、容易に想像することができる。早くも長禄三年（一四五九）春には、赤松氏が一族の宇野上野入道《こうずけにゅうどう》を新田荘に入部させた。入部した宇野上野入道は、すぐに山名氏の被官人足立彦左衛門尉らと合戦を行っている。そして、長禄三年六月晦日には、早くも新田荘内の三ケ保（「保」は荘園内の行政区分）を巡って、山名教之と赤松次郎法師は対決の様相を見せている。

この背景には、播磨における赤松氏と関連の深い寺院の宝林寺と法雲寺の寺領が不知行になっており、寺領還付を求められた山名氏がこれに難色を示したという事情がある。

赤松氏が新田荘を支配することは、すなわち赤松氏とゆかりある宝林寺・法雲寺の再興につながり、山名氏にとって脅威になる。山名氏サイドは、新田荘の主要な領域を占める、三石・藤野・吉永の三つの保が荘域に含まれているか否かを問題としていた。問題の解決は幕府に委ねられたが、結局幕府は山名氏の主張を退けている。

その後も新田荘を巡る相論は何度かくりかえされており、幕府の安堵により、赤松氏が簡単に入部できなかったのは事実である。幕府からは御教書などで新田荘の領有を認められたが、実効支配は実力次第というのが現実であったと考えられる。加賀国半国守護は、さらに過酷な条件であった。

（二）加賀国半国守護

加賀国の守護職は、畠山氏内部での争いの種となっており、それに便乗するかのように、細川氏らが陰で策略をめぐらしたことは、すでに述べたとおりである。赤松次郎法師が得た加賀国半国守護も、実際の入部に際しては大きな困難が伴った。

長禄三年（一四五九）十月、赤松氏が加賀国に入部しようとすると、早速富樫氏の被官人・岩室《いわむろ》氏と交戦状態に陥った。しかし、赤松政則はただちに反撃を試みたわけではない。政則には、加賀国半国守護になったとの将軍の御教書がある。それを根拠として、平和的な解決を望んだのである。

とはいえ、現実には富樫氏の勢力と戦わざるをえず、赤松氏被官人の中村氏が笠間（石川県白山市）で合戦に及んでいる。それでも、政則は上意すなわち室町幕府の判断を望んだが、幕府は及び腰で、まともな判断を下せるような状況にはなかった。政則は実力行使によるしかなかったのである。

長禄四年（一四六〇）八月を境にして、赤松氏による加賀国支配は円滑に進んだようである。抵抗勢力をなんとか駆逐したのであろう。実際に入部してから、約一年かかったことになる。詳しい支配の様相は省略するが、赤松氏の有力な被官人の一人小寺氏が守護代として在地支配に当たっていた。

赤松氏による加賀国半国守護補任《ぶにん》について、かつては支配の実効性にあまり注意が払われなかった。端的に言えば、もともと支配基盤がなかったので、名目的なものに過ぎないと考えられていたようだ。

実際には、赤松氏の加賀国半国支配は実効性を持っており、数々の史料から支配に意欲的であったことがうかがえる。

その事実は、徳満という人物の加賀国の所領が闕所地（領主が他所に移ったり、没収されることで知行人がいなくなった土地）となった際、赤松氏が長禄の変の功績で与えられた伊勢国高宮保の代わりにこの所領を取得することを希望したことにもあらわれている。おそらく、政則は自身が加賀国半国守護であるとの認識が強く、加賀国内に所領を持つことに何ら抵抗がなかったのであろう。

ただし、赤松氏による加賀国半国支配は、そう長くつづかなかった。

応仁元年（一四六七）、応仁の乱が勃発すると、赤松氏はたちまち播磨国へ乱入し、もとのとおり播磨国など三ヵ国守護として返り咲いた。一方、その翌年の五月、加賀国半国守護代であった小寺氏は、富樫氏の勢力に敗退している。

事実上、この時点において、赤松氏は加賀国半国守護から外れたと考えてよいであろう。

このように、きわめて短期間ではあったが、赤松氏は加賀国半国守護で実効支配を展開しえた。守護という地位には、それだけの重みがあったのであるが、地縁のなかった地域でもあり、その支配には困難が伴ったのである。

（三）赤松氏旧臣の待遇

赤松氏が再興することによって、その旧臣たちも恩恵を蒙った。そのあたりについて、触れることとしよう。

赤松氏旧臣のうち、厚遇されたのは、やはり長禄の変に従った者たちであった。『南方御退治条々』によってその主要メンバーを列挙すると、間島氏、中村氏、堀氏、阿《あ》閉《へ》氏、小寺氏、上月氏などが該当する。以下、彼らの処遇を考えることとしたい。

小寺藤兵衛入道——神璽奪還では、越智氏とともに種々計略を巡らし、中心的に活動した。赤松氏再興後は、かつて備前国守護代であった家柄でもあり、加賀国半国の守護代を務めている。応仁の乱以降も、赤松氏家臣の中枢として活躍している。

間島彦太郎——神璽奪還でも活躍したこともあり、加賀国半国に入部を果たし、笠間合戦にも参戦した。しかし、その後の動向に関しては、あまりわかっていない。

上月満吉——神璽奪還で中心的役割を担ったこともあり、加賀国半国に入部を果たし、笠間合戦にも参戦した。応仁の乱以降も赤松氏に従い、従軍している。

中村弾正忠貞友——浦上《うらがみ》氏被官人。当人は神璽奪還の過程で討たれてしまったが、その子息と考えられる新左衛門尉が加賀国半国に入部を果たし、笠間合戦にも参戦した。応仁の乱後も赤松氏・浦上氏に従い、京都の合戦で活躍している。

阿閉太郎次郎——神璽奪還に従事し、赤松氏再興後は、当人もしくはその子息と考えられる阿閉重能が赤松氏奉行人として活動している。嘉吉の乱以前は、その動向があまり知られていない被官人である。

堀兵庫助——神璽奪還の際には、京都雑掌としてあらわれる。赤松氏再興後は、当人もしくはその子息と考えられる堀秀世が赤松氏奉行人として活動している。堀氏もまた嘉吉の乱以前は、その動向があまり知られていない被官人である。

その他にも多くの旧臣らが神璽奪還に従事したが、その多くは何らかの形で恩賞を受けたと考えられる。そのなかでも後に赤松氏をサポートし、大きく勢力を伸張したのが、浦上氏である。神璽奪還のときには、浦上右京亮《うきょうのすけ》が加わっている。

浦上氏の場合も、右京亮もしくはその子息と考えられる則宗が、赤松氏奉行人として活躍している。長禄四年（一四六〇）十二月、則宗は次郎法師政則の名代になると、以後は赤松氏内部のみならず、室町幕府にも大きく貢献している。寛正《かんしょう》三年（一四六二）および寛正六年（一四六五）の土一揆鎮圧に大きく貢献したのは、その一例であろう。

しかし、皮肉なことに、後に浦上則宗は主家である赤松氏を脅かすことになる。文明十五年（一四八三）には、則宗が守護である赤松政則の追放を画策し、則宗の猶子村宗に至っては、大永元年（一五二一）に政則の後継者である義村を暗殺している。

長禄の変は赤松氏再興の契機であったが、端的に言えば、旧臣の助力なくして再興はなしえなかった。赤松氏再興は、こうした旧臣らの勢力を伸張させるという、思いがけない結果を招くことにもなったのである。

後退した位置づけ

長禄の変以後、後南朝の動向については、ほとんど史料に現れなくなる。並行して、三種神器の話題もほとんど史料に見られなくなる。その後の後南朝は、どのようになったのであろうか。伝説を含めて、確認することとしたい。あわせて、三種神器とは何だったのかを考えてみたいと思う。

長禄の変以降、後南朝は大和国内で依然として活動を行っていた。寛正四年（一四六三）、後南朝勢力は畠山持国の子義就《よしなり》と手を結んで蜂起した。当時、畠山義就は家督を巡って従兄弟の政長《まさなが》と争っていたが、後南朝はそれに乗じるしか手立てがなかったのである。独力による武力闘争は、かなり困難だったのであろう。

応仁の乱に至ると、西軍の総大将山名持豊（宗全《そうぜん》）は、将軍足利義政を擁立するとともに、南朝の皇胤をも担ぎ上げようとしたことが知られている。応仁の乱以降も、後南朝の活動の記録は『大乗院寺社雑事記』などに散見され、特記すべきものとしては、大和国や紀伊国での蜂起を確認することもできる。

後南朝は、「明応《めいおう》」という私年号を独自に用いていたこともわかっている。明応年号が実際に使用されるのは、一四九二年のことである。しかし、こうした独自の年号も、もはや大きな意味を持たなかったと推測される。

西軍による南朝皇胤の「担ぎ上げ」は、文明二年（一四七〇）五月頃から本格化する（『大乗院寺社雑事記』）。もはやその実態は判然とすることなく、当時の公家日記に書きとめられた風聞によるしかない。

それらの情報を総合すると、小倉宮の末裔とされる岡崎前門主の息子が西軍に迎えられ、南帝として担がれた。年齢は、わずか十八歳であった。南帝を熱心に擁立したのは山名宗全であったが、当時、宗全を後ろ盾としていた足利義視《よしみ》は快く思わなかったらしい。

宗全が文明五年（一四七三）に没すると、応仁の乱は終息へと向かう。対する東軍の実質的なリーダー細川勝元も、その二ヵ月後に没している。東西両陣営のリーダーが没し、応仁の乱が終わりを告げるとともに、南帝はたちまち不要になったのであろう。以後、南帝や後南朝が歴史の表舞台に出ることはなかった。

ところで、山名宗全が南帝を擁立した際、三種神器のことは問題にならなかったのであろうか。

このことを示す史料は存在せず、この頃にはすでに三種神器に大きな意義が認められなくなっていたことが推測される。天皇の存在そのものが重要であって、三種神器はあくまでも天皇に付随した位置づけに後退していたのであろう。

南北朝期以降、三種神器は何度も持ち出され、南北朝勢力のそれぞれが皇位の正統の証とした。同時に、そのたびに持ち出されたのが、当時の知識人による、新たな解釈である。そこでは、時代が降るにつれ、「三種神器不要論」というべきものが展開されている。

西軍の山名宗全はそのあたりを熟知しており、三種神器がなくても、その効用つまり天皇権威を最大限に利用しようと考えたのであろう。そこには、かつて多くの人びとが執拗なまでにみせた、先例や儀式に対するこだわりを見ることができない。

宗全には、「凡《およ》そ例といふ文字をば、向後は時といふ文字にかへて御心えあるべし」と発言したという、有名なエピソードがある（『塵塚《ちりづか》物語』）。この言葉の意味は、先例よりも時勢が重要であるとのことで、宗全は旧来のしきたりに捉われていないのである。

応仁の乱は戦国時代の先駆けとなる、日本国中を巻き込んだ一大争乱であった。下剋上という言葉に表現されるように、既成の概念や権威が崩壊し、新しい秩序が構築された時代である。

そのような大きな変革の時代にあって、宗全にとっては三種神器が重要なのではなく、実体（＝南帝）が重んじられた。むろん、これは宗全ひとりのみならず、「時勢」や「実力」を重要視した点では、多くの武将たちが共有したものと考えられる。戦国という舞台の幕開けは、中世の人びとの思考が大きく変化を遂げた瞬間でもあったのである。

後南朝の痕跡が史料上に最後に残るのは、文明十一年（一四七九）のことである。『晴富宿禰記《はれとみすくねき》』によると、南方の宮が国人らに送られ、越後国から越前国北庄《きたのしょう》（福井市）へ移ったとある。それ以降については、今のところ史料上の所見はなく、後南朝の行方は杳《よう》として知れなくなる。

後南朝伝説

史実としては確認できないながらも、後南朝伝説というべき伝承がゆかりの地に残っている。この点に関しては、坂田大爾氏の研究により、播磨における事例を、三つ紹介しておこう。

（一）小倉宮の墓

赤松氏が嘉吉の乱のときに、小倉宮を擁立しようとしたことはすでに述べた。史料上では、擁立に失敗したことになっている。しかし、兵庫県赤穂市坂越《さこし》本町の大避《おおさけ》神社の西側には展望広場があり、一連の五輪塔群の中に、「小倉御前の墓」と称するものがある。

大避神社は、秦河勝《はたのかわかつ》と関係の深い神社である。秦河勝は皇極《こうぎょく》二年（六四三）に蘇我《そがの》入鹿《いるか》の乱を避け、難波から坂越に逃れたという伝承を持っている。河勝はその三年後に亡くなるのであるが、千種《ちくさ》川を開墾した功績もあったことから、領民がその霊を祀《まつ》ったのが大避神社であると伝える。

「小倉御前の墓」の伝承に戻ると、長禄の変で一宮・二宮を討ったあと、赤松政則は海路を坂越へ向かった。ところが、政則は毎夜、一宮・二宮の亡霊にうなされたという。そこで、霊を鎮めるために、大避神社の近くに五輪塔を作り、手厚く供養したといわれている。

もちろん、一宮・二宮と小倉宮は別人である。一宮・二宮兄弟の実名が不詳であったために、小倉宮を祀ったのかもしれない。ただし、史実との兼ね合いで言えば、政則は長禄の変後、すぐに坂越に向かったとは考えにくく、この伝承も信憑《しんぴょう》性《せい》は低い。

そのようにみると、後南朝伝説が広まった後世になって、何らかの機会に小倉宮を祀ろうという気運が盛り上がり、造られたのがこの墓ではないだろうか。そのあたりの詳細は不明であるとしか言いようがない。広く領民に後南朝伝説が伝わったことは、注目に値する事実であろう。

(二) 南帝御首塚伝説

現在の兵庫県加西《かさい》市中野町には、浄土宗寺院の清慶寺《せいけいじ》がある。この寺には、「南帝御首塚」として伝わる墓が存在する。

首塚の碑文を見ると、「後醍醐天皇御曾孫　仁尊親王御陵　吉野御所奉禰南帝」と記されている。残念なことに、仁尊親王については不明である。近世に成立した『嘉吉軍記』には、要約すると次のように伝えている。

南帝の首を播磨に持ち帰った河合茂賢《かわいしげかた》は、庭にしばらく首を掛け置いていた。長町村の井戸の水で首を洗ったので、その井戸を「南帝御頭洗の井」と称した。この井戸は、忌々しいということで、寛文年間（十七世紀半ば）に埋められた。また、中村助直《すけなお》という人物が、（南帝を）自分の領地である中野村に葬り跡を弔った。清慶寺の「南帝御首塚」というのは、葬った土が盛り上がった塚をいい、石碑ではない。

近世に成立した地誌『播磨鑑』（播磨史談会本）にも、この間の事情を詳しく記している。

長禄の変で活躍した中野山城主・小谷与次は、吉野の皇居で法親王《ほっしんのう》を討ち取り、その首を持ち帰ったが、土俗が誤ってその首塚を南帝塚と呼んでいるという。本当に首を持ち帰って、塚に葬ったかどうかは不明なのであろう。

姫路藩への上申書である元禄十一年（一六九八）の「首塚之記」には、首塚の経緯について記されている。この史料によると、古来より「南帝之首塚」の存在は知られていたが、その由緒に関しては、ほとんど痕跡が残っていないという。

わざわざ、吉野から文殊院の僧が訪ねて、「(南帝の) 尊骸は吉野にあるが、首は中野村清慶寺にあると聞いた」として由緒を調査したが、その由来については誰もわからない。ただ言えることは、大変貴いものなので、粗略に扱うことがないようにするとのことであった。

このような経過からすると、おそらく長禄の変で討ち入りを果たした赤松氏の残党が帰郷した話が増幅され、いつしか「南帝御首塚」が築かれたのであろう。その後、地元民の崇敬を集め、由緒すらわからなくなったと推測される。

(三) 鶴木神社の「天国之御剣《あまくに》」

兵庫県宍粟《しそう》市山崎町の鶴木神社にも、後南朝伝説が伝わる。『播磨鑑』によると、長禄の変で中村氏は南帝の所持していた剣を奪い、一本は朝廷に捧げ、一本(鶯《うぐいす》の剣)を持ち帰ったという。持ち帰った一本は「天国之御剣」と呼ばれ、それを祀るために、鶴木神社が創建されたというのである。

この「天国之御剣」とは、平安時代後期に活躍したとされる伝説上の刀工・天国の手になるもので、古来より名刀として誉れがあった。また、天皇の宝剣を作る者は、代々「天国」と銘打ったともいわれている。となると、後南朝は神璽を強奪したので、三種神器の宝剣に相当するものが、この剣だったのかもしれない。

後年、寛政の改革で知られる松平定信《まつだいらさだのぶ》は、鷺の剣（天国之御剣）を所持していた山崎の町人・平瀬弥四郎に乞い、この剣をつぶさに観察している。その内容については、定信の著である『集古十種』に図解入りで紹介されている。

長禄の変に参加した者のなかには、平瀬氏の名前がある。となると、平瀬弥四郎は、この平瀬氏の子孫である可能性が高い。この刀は、然るべき刀工によって作られたのであろう。やがて、その名品とされる刀が後南朝伝説と相俟《あいま》って、いつしか「天国之御剣」と称されるようになったのかもしれない。

この他にも、美作には「植月御所」の伝説があり、他の各地にも後南朝伝説が残っている。長禄の変によって、赤松氏は再興を果たしたが、十六世紀以降は衰退の一途を辿り、ついには消滅することになる。

たとえ赤松氏が消滅しても、赤松氏の関係者やその家臣の子孫にとって、辛苦に満ちた御家再興の過程は重要な意味を持っていた。播磨各地に残る後南朝にまつわる伝承は、彼らの想いを投影して形作られたものなのであろう。

おわりに

本書で触れたとおり、平安末期に宝剣を失った際、朝廷では形式を整えるための方策が種々検討された。しかしながら、南北朝期に至り、三種神器のないことが常態化すると、三種神器の存在意義が改めて再定義されるようになる。

その結果、三種神器がなければないなりに、都合よく解釈されたことがわかる。突発的な事態が生じた場合は、それなりの理論的な裏付けがあれば、事足りたのである。平安末期から室町期の約二百五十年間のなかで、「三種神器不要論」という観念が徐々に形成されたのは、その証左であろう。

それでも三種神器の価値は高いものであり、禁闕の変そして長禄の変では、政争の具として利用されるようになった。つまりここ一番の重要なときには、その存在意義を発揮することになったのである。そういう意味でも、三種神器とはきわめて不思議な存在だったといえる。

応仁の乱以降に関しては、特段三種神器が問題とされた形跡は見えない。南朝の子孫が擁立されて挙兵に至った例も、応仁の乱で見えなくなる。

もちろん、この事実は決して三種神器の意義が薄れたことを意味しない。むしろ、武家側は朝廷の諸権限に関わることによって、目的を果たそうとした傾向がうかがえる。例えば、官途などはその代表であろうし、元号制定などもその一例であろう。その点については、別に改めて考える機会を持ちたい。


当初、本書執筆のお話があったときは、神璽奪還をメインテーマにして、前後の応永三十四年の赤松満祐播磨下国事件から長禄の変を取り扱うことになっていた。しかし、「せっかく神璽を取り上げるなら、中世の三種神器を」ということになった。

私はにこやかに「それはおもしろいですね。ぜひやりましょう！」と申しあげたものの、しばらくは頭を抱える日がつづいた。しかしながら、多くの関係論文を読み、史料を読んでいるうちに、「これはおもしろい！」と感じるようになった。

三種神器に限らず、中世の権威に関する問題は、武家に与えられた官途や守護職などにも見られる。例えば戦国大名に与えられた官途にどれほどの価値があったのかは、その実効性を巡って学界でホットな議論が巻き起こっている。少なくとも、身分不相応な高い官途を与えられた戦国大名にとっては、その実効性いかんにかかわらず、とてつもなく大きな意味があったはずである。

中世における形式であるとか権威の問題については、なかなか一般には知られるところが少ないかもしれないが、本書が読者の皆様にお考えいただく機会になれば幸いである。

本書の執筆に際しては、多くの研究・史料を参照させていただいた。しかし、新書という性格上、一つ一つについて細かく注記できなかった点をお詫び申しあげたい。巻末に参考文献一覧を載せているので、あわせて参照いただけると幸いである。

本書執筆の機会を与えてくださったのは、講談社学芸局現代新書出版部副部長の所澤淳氏であり、その仲介の労と本書編集にご尽力いただいたのは、三猿舎代表取締役社長安田清人氏である。お二人に心からお礼を申しあげる次第である。

二〇〇九年九月

渡邊　大門

文庫版あとがき

本書は、私が執筆した二冊目の一般書である。長禄の変で取り上げた播磨赤松氏の研究は専門であったが、三種神器は特に詳しかったわけではない。三種神器に関係する研究書を読み進めながら、悪戦苦闘した記憶だけが残っている。本書は三度にわたり版を重ねたが、最近になって残念ながら絶版になった。

平成三十一年（二〇一九）四月三十日に現天皇は退位し、新天皇（現皇太子）に譲位する。翌五月一日には、新しい年号が制定される。そのような節目となる年に、本書が装いも新たに文庫化されたことは、誠に喜ばしい限りである。

本書が主題としたのは三種神器であり、その周辺をめぐるドラマである。キーワードは、「形式から実体へ」ということになろう。もともと天皇になるには三種神器が必要であったが、宝剣が喪失したり、あるいは神璽《しんじ》が奪い去られたりすると、人々の意識に変化が生じてくる。それは、三種神器という形式的なものにこだわるのではなく、実体としての天皇が存在すれば十分だったということである。

室町時代の将軍も同じで、実際に将軍に就任した時期と正式に朝廷から将軍宣下を受けた時期は違っていても、実体として将軍が存在すれば問題ないという認識が浸透してくる。六代将軍・足利義教や八代将軍・足利義政は好例で、実際に将軍に就任した時期よりもあとに将軍宣下を受けた。

本書では書ききれなかったが、本格的に戦国時代に突入すると、三種神器の特筆すべき記述は減少する。ましてや後南朝は完全に衰退しており、三種神器の争奪戦はなくなった。

一方で問題となったのは、天皇（後土御門、後柏原、後奈良、正親町《おおぎまち》）が践祚《せんそ》と同時に即位式を挙行できなかったことである。理由は、財政難だった。しかし、即位式を挙げなかったからといって、彼らが新天皇として認められなかったわけではない。即位式は形式の問題であり、実体として天皇が存在すればよかったのである。それは、三種神器に対する考え方と同じだった。

とはいえ、彼らのなかには、何かしら満たされない気持ちがあったに違いない。三種神器に即していえば、後鳥羽天皇には宝剣喪失に伴うコンプレックスがあった。それゆえ、何度も壇ノ浦で宝剣を探索させた。即位式を挙げられなかった戦国時代の天皇も、執念で費用を掻き集めて即位式を挙行したほどである。「形式よりも実体が重要」と言えば済んだのかもしれないが、当事者としてはいたたまれない気持ちだったに違いない。

形式と実体といえば、現代社会のわれわれにも通じるところがある。かつては結婚するとなると、結婚式や披露宴をするのが当たり前だった。地域によってはかなり高額な費用をかけ、相当派手に行なうこともある。

しかし、今のような経済不況に陥ると、そうはいかない。婚姻届を役所に出せば、婚姻は成立するのだから、将来の住宅の購入や子育ての出費を考慮し、親戚や親しい友人だけで結婚式や披露宴を済ませることも珍しくなくなった。まさしく形式よりも実体を重んじたことになろう。

三種神器は天皇だけの問題であるが、通底する形式と実体に対する意識は、広く日本人に共有されたものなのかもしれない。

本書の文庫化に際しては、誤字脱字の類を改めたほか、若干の文章の修正を行う程度に止めている。全体の論旨は、まったく変わっていない。

最後に、本書が講談社現代新書で刊行された際、編集でお世話になった講談社の所澤淳氏、三猿舎の安田清人氏に改めてお礼を申し上げる。文庫化に際しては、草思社の碇高明氏に仲介の労を取っていただき、同社の藤田博氏に編集全般をご担当いただいた。厚くお礼を申し上げる次第である。

二〇一九年一月

渡邊 大門

参考文献一覧

主な史料集

日本学士院編『帝室制度史』第五巻、吉川弘文館（一九七九）
上郡町史編纂委員会編『上郡町史』第三巻（一九九九）
※第一・二・四・五章の史料は、『帝室制度史』第五巻にほぼ網羅されている。第三章については、『上郡町史』第三巻にほぼ網羅されている。

著書・論文（氏名五十音順）

青山英夫「応永三十四年、赤松満祐下国事件について」（『上智史学』一八号、一九七三）
稲田智宏『三種の神器　謎めく天皇家の秘宝』学習研究社（二〇〇七）
井上光貞『日本古代の王権と祭祀』東京大学出版会（一九八四）
今谷　明『土民嗷々』新人物往来社（一九八八）
今谷　明『籤引き将軍足利義教』講談社（二〇〇三）
臼井信義「南朝の皇胤」（『歴史地理』八七巻三・四号、一九五七）
内田　康「「三種神器」神話の生成と「平家物語」」（『筑波大学平家部会論集』一〇号、二〇〇四）
馬田綾子「赤松則尚の挙兵」（『日本国家の史的特質　古代・中世』思文閣出版、一九九七）

上横手雅敬「安徳天皇と後鳥羽天皇」（松尾葦江編『海王宮――壇之浦と平家物語』三弥井書店、二〇〇五）
上横手雅敬「南北朝時代の天皇制論」（伊東多三郎編『国民生活史研究』第五集、吉川弘文館、一九六二）
大石良材『日本王権の成立』塙書房（一九七五）
太田順三「嘉吉の乱と山名持豊の播磨進駐――「室町幕府守護体制」のモノクローム」（『民衆史研究』九号、一九七一）
加藤麻子「即位の変容と律令天皇制」（『史林』八八巻二号、二〇〇五）
加茂正典『日本古代即位儀礼史の研究』思文閣出版（一九九九）
木村武夫『後村上天皇の聖蹟』柳原書店（一九四三）
熊谷公男「持統の即位儀と「治天下大王」の即位儀礼」（『日本史研究』四七四号、二〇〇二）
黒田俊雄「国家観――そのうつりかわり」（『黒田俊雄著作集』第四巻、法蔵館、一九九五）
高坂　好『赤松円心・満祐』吉川弘文館（一九七〇）
高坂　好『中世播磨と赤松氏』臨川書店（一九九一）
後南朝史編纂会編『後南朝史論集』原書房（一九八一）
齋木一馬「恐怖の世――嘉吉の変の背景」（『古記録の研究』吉川弘文館、一九八九）
坂田大爾「南帝怨霊考三題」（『歴史と神戸』二〇五号、一九九七）
佐藤進一「室町幕府論」（『岩波講座　日本歴史』中世三、岩波書店、一九六三）

佐藤進一「足利義教嗣立期の幕府政治」（『法政史学』二〇号、一九六八）
佐藤勢紀子「「増鏡」の皇位継承観――三種神器をめぐって」（源了圓他編『国家と宗教　日本思想史論集』思文閣出版、一九九二）
下川玲子『北畠親房の儒学』ぺりかん社（二〇〇一）
高森明勅「神祇令即位条の成立」（『神道宗教』一四〇、一四一号、一九九〇）
高森明勅「神器相承と昇壇即位　古代皇位継承儀礼における連続性と非連続性」（『神道宗教』一五五号、一九九四）
竹内智宏「室町幕府と赤松氏――中次赤松満政の活動を中心として」（『年報赤松氏研究』創刊号、二〇〇八）
田中文英「院政期貴族の帝王観」（『院政とその時代―王権・武士・寺院』思文閣出版、二〇〇三）
谷　昇「後鳥羽天皇在位から院政期における神器政策と神器観」（『古代文化』五七三号、二〇〇八）
鶴巻由美「「三種神器」の創定と「平家物語」」（『軍記と語り物』三〇号、一九九四）
鶴巻由美「「剣巻」の構想と三種神器譚」（『国学院大学大学院紀要（文学研究科）』一四号、一九九四）
砥山洸一「一条兼良の三種神器論をめぐる若干の考察――『日本書紀纂疏』と禁闕・長禄の変」（『神道史研究』五七巻一号、二〇〇九）
名波弘章「宝剣喪失、密教と神話の間の王権論（上・中・下）」（『文藝言語研究・文藝編』四六～四

八号、二〇〇四～二〇〇六）
新田一郎「継承の論理――南朝と北朝」（『岩波講座　天皇と王権を考える』第二巻、岩波書店、二〇〇二）
二藤　京「中世における「三種神器」論の一端」（『高崎経済大学論集』四九巻二号、二〇〇六）
二藤　京「『日本書紀纂疏』の「三種神器」論」（『国語と国文学』八四巻三号、二〇〇七）
橋本義彦「即位儀礼の沿革」（『書陵部紀要』四二号、一九九〇）
藤森健太郎『古代天皇の即位儀礼』吉川弘文館（二〇〇〇）
三浦周行「鎌倉時代史」（『日本史の研究』新輯一、岩波書店、一九八二）
水野恭一郎「赤松氏再興をめぐる二・三の問題」（『武家社会の歴史像』国書刊行会、一九八三）
水野恭一郎「嘉吉の乱と井原御所」（『鷹陵史学』一九号、一九九三）
溝口睦子「神祇令と即位儀礼」（黛弘道編『古代王権と祭儀』吉川弘文館、一九九〇）
水戸部正男『後醍醐天皇』秋田書店（一九七四）
宮坂敏和「後南朝の歴史と伝承」（『吉野――その歴史と伝承』名著出版、一九九〇）
村上重良『天皇の祭祀』岩波書店（一九七七）
村上重良『天皇と日本文化』講談社（一九八六）
森　茂暁『建武政権　後醍醐天皇の時代』教育社（一九八〇）
森　茂暁『南北朝期公武関係史の研究』文献出版（一九八四）
森　茂暁『皇子たちの南北朝　後醍醐天皇の分身』中央公論社（一九八八）

森　茂暁『闇の歴史、後南朝　後醍醐流の抵抗と終焉』角川書店（一九九七）
森　茂暁『後醍醐天皇　南北朝動乱を彩った覇王』中央公論社（二〇〇〇）
森　茂暁「赤松持貞小考――足利義持政権の一特質」（『福岡大学人文論叢』三三巻二号、二〇〇一）
森　茂暁『南朝全史　大覚寺統から後南朝へ』講談社（二〇〇五）
八木　充「日本の即位儀礼」（『東アジア世界における日本古代史講座』九巻、学生社、一九八二）
矢代和夫他編『室町軍記　赤松盛衰記――研究と資料――』国書刊行会（一九九五）
八代国治『長慶天皇御即位の研究』明治書院（一九二〇）
安井久善『後南朝史話　歴史と文学の谷間に』笠間書院（一九七五）
山本幸司「王権とレガリア」（『岩波講座　天皇と王権を考える』第六巻、岩波書店、二〇〇三）
山本ひろ子「北畠親房における神器観念の生成〈天瓊矛（アメノトホコ）〉から〈三種神器〉へ」（『日本文学』三四巻五号、一九八五）
龍　粛『鎌倉時代』春秋社（一九五七）
和田　萃「神器論――戦う王、統治する王」（『岩波講座　天皇と王権を考える』第二巻、岩波書店、二〇〇二）
渡邊大門「「赤松嘉吉年間録」の成立と中世の白国氏について」（『京都民俗』一五号、一九九七）
渡邊大門「赤松春日部家に関する基礎的研究」（『皇學館論叢』一九一号、一九九九）
渡邊大門「戦国期赤松氏の領国構造」（『年報赤松氏研究』創刊号、二〇〇八）
渡邊大門「赤松氏再興と加賀国半国守護補任について――中央政局と越前国朝倉氏との関係から」

（『皇學館論叢』二四六号、二〇〇九）
『揖保川町史』第一巻（二〇〇五）※第六章（渡邊大門執筆部分）
『上郡町史』第一巻（二〇〇八）※第四章・第五章（渡邊大門執筆部分）

＊本書は、二〇〇九年に講談社現代新書として刊行された著作
『奪われた「三種の神器」――皇位継承の中世史』を文庫化したものです。

草思社文庫

奪われた「三種の神器」
皇位継承の中世史

2019年2月8日　第1刷発行

著　者　渡邊大門
発行者　藤田　博
発行所　株式会社 草思社
〒160-0022　東京都新宿区新宿1-10-1
電話　03(4580)7680(編集)
　　　03(4580)7676(営業)
　　　http://www.soshisha.com/

本文組版　有限会社 一企画
本文印刷　株式会社 三陽社
付物印刷　株式会社 暁印刷
製本所　加藤製本 株式会社
本体表紙デザイン　間村俊一
2019© Daimon Watanabe
ISBN978-4-7942-2374-6　Printed in Japan

草思社文庫既刊

野口武彦
異形の維新史

日米通商条約に奔走する旗本が、関白の色と欲に翻弄されていく「薔薇の武士」、戊辰戦争の官軍先遣隊に襲われた名家夫人の哀しい性「軍師の奥方」など七編。人間の欲から幕末維新を描く傑作歴史読み物。

野口武彦
幕末不戦派軍記

慶応元年、第二次長州征伐に集まった仲良し御家人四人組は長州、鳥羽伏見、そして箱館と続く維新の戦乱に嫌々かつノーテンキに従軍する。幕府滅亡の象徴する〝戦意なき〟ぐうたら四人衆を描く傑作幕末小説。

渡辺尚志
百姓たちの幕末維新

幕末期の日本人の八割は百姓身分であり、彼らを見ずして、幕末の時代像は見えてこない。幕末～維新期の百姓たちの衣食住から、農への思い、年貢騒動、百姓一揆や戊辰戦争をたどる新しい幕末史。

草思社文庫既刊

かたき討ち 復讐の作法
氏家幹人

自ら腹を割き、遺書で敵に切腹を迫る「さし腹」。先妻が後妻を襲撃する「うわなり打」。密通した妻と間男の殺害「妻敵討」…。討つ者の作法から討たれる者の作法まで、近世武家社会の驚くべき実態を明かす。

江戸人の性
氏家幹人

衆道、不義密通、遊里、春画…。江戸社会には多彩な性愛文化が花開いたが、その背後には、地震、流行病、飢饉という当時の生の危うさがあった。豊富な史料から奔放で切実な江戸の性愛を覗き見る刺激的な書。

江戸人の老い
氏家幹人

脳卒中による麻痺と闘った将軍吉宗。家族への不満を遺書にぶちまけた文人鈴木牧之。散歩と社交を愉んだ僧敬順。三者の生き様から普遍的な老いの風景が浮かび上がる。

草思社文庫既刊

工藤健策
戦国合戦 通説を覆す

なぜ、幸村は家康本陣まで迫れたのか？なぜ、秀吉は毛利攻めからすぐ帰れたのか？ 地形、陣地、合戦の推移などから、川中島から大坂夏の陣まで八つの合戦の真実を読み解く。戦国ファン必読の歴史読物。

中村喜春
江戸っ子芸者一代記

コクトー、チャップリンなど来日した要人のお座敷で接待した新橋芸者・喜春姐さん。銀座の医者の家に生まれ、芸者になったいきさつ、華族との恋、外交官との結婚と戦前の花柳界を生きた半生を記す。

仁科邦男
犬たちの明治維新
ポチの誕生

幕末は犬たちにとっても激動の時代の幕開けだった。外国船に乗って洋犬が上陸し、多くの犬がポチと名付けられる…史料に残る犬関連の記述を丹念に拾い集め、犬たちの明治維新を描く傑作ノンフィクション。

草思社文庫既刊

榊原喜佐子

徳川慶喜家の子ども部屋

最後の将軍の孫に生まれ、高松宮妃殿下を姉にもつ著者が、小石川第六天町の三千坪のお屋敷での夢のような少女時代を回想。当時の写真と共に戦前の華族階級の暮らしを知ることができる貴重な記録。

大塚ひかり

昔話はなぜ、お爺さんとお婆さんが主役なのか

七十過ぎても婚活! 姥捨て山に捨てられてもみごと生還! 極楽往生したくて、井戸にダイブ!『舌切り雀』『桃太郎』など6万にもおよぶ日本全国の昔話から、いにしえの老人たちの実態に迫る、異色の老人論。

増田晶文

うまい日本酒はどこにある?

日本酒は長期低迷から〝地酒ブーム〟で復活したようにみえるが、多数の地方蔵は未だ苦境にある。地方の酒蔵、メーカー、酒販店、居酒屋を訪ね歩き、「うまい日本酒」に全霊を傾ける人々に出会う。